U0494838

This is
Goya

Wendy Bird
Illustrations by Sarah Maycock

图书在版编目（CIP）数据

这就是戈雅 /（英）温迪·伯德（Wendy Bird）著；
（英）莎拉·梅考克（Sarah Maycock）插图；吴啸
雷译．-- 长沙：湖南美术出版社，2018.8
    ISBN 978-7-5356-8290-1

Ⅰ．①这… Ⅱ．①温… ②莎… ③吴… Ⅲ．①戈雅
(Francisco José Goya y Lucientes 1746-1828) – 生平
事迹 Ⅳ．① K835.515.72

中国版本图书馆 CIP 数据核字 (2017) 第 316163 号

Text © 2015 Wendy Bird. Wendy Bird has asserted her right under the Copyright,Designs,and Patents Act 1988, to be identified as the author of this work.
Illustrations © 2015 Sarah Maycock
Series editor：Catherine Ingram
Translation © 2018 Ginkgo (Beijing) Book Co.,Ltd.

This book was produced in 2015 by Laurence King Publishing Ltd. , London. This translation is published by arrangement with Laurence King Publishing Ltd. for sale/ distribution in the Mainland (part) of the People's Republic of China (excluding the territories of Hong Kong SAR, Macau SAR and Taiwan Province) only and not for export therefrom.

本书中文简体版权归属于银杏树下（北京）图书有限责任公司。
著作权合同登记号：图字18-2017-300

这就是戈雅
ZHE JIUSHI GEYA

出版人：	黄 啸	著　者：	［英］温迪·伯德
插　图：	［英］莎拉·梅考克	译　者：	吴啸雷
出版策划：	后浪出版公司	出版统筹：	吴兴元
编辑统筹：	蒋天飞	特约编辑：	张丽捷
责任编辑：	贺澧沙	营销推广：	ONEBOOK
装帧制造：	墨白空间·陈威伸	出版发行：	湖南美术出版社　后浪出版公司
印　刷：	北京盛通印刷股份有限公司（亦庄经济技术开发区科创五街经海三路 18 号）		
开　本：	720×1030　1/16	字　数：	80 千字
印　张：	5	版　次：	2018 年 8 月第 1 版
印　次：	2018 年 8 月第 1 次印刷	书　号：	ISBN 978-7-5356-8290-1
定　价：	60.00 元		

读者服务：reader@hinabook.com 188-1142-1266
投稿服务：onebook@hinabook.com 133-6631-2326
直销服务：buy@hinabook.com 133-6657-3072
网上订购：www.hinabook.com（后浪官网）

后浪出版咨询(北京)有限责任公司 常年法律顾问：北京大成律师事务所　周天晖 copyright@hinabook.com
未经许可，不得以任何方式复制或抄袭本书部分或全部内容
版权所有，侵权必究

本书若有印装质量问题，请与本公司图书销售中心联系调换　电话：010-64010019

这就是戈雅

［英］温迪·伯德——著
［英］莎拉·梅考克——插图
吴啸雷——译

湖南美术出版社

自画像

戈雅,1795—1797

直纹纸上素描
15.3厘米×9.1厘米
大都会艺术博物馆,美国纽约

戈雅是第一个根据自己想法自由创作的艺术家。现代艺术始于戈雅。他的一生横跨了18世纪和19世纪，这是一个文化和社会都无比动荡的年代。

画这幅动人的自画像时，戈雅刚好五十出头，正值事业的顶峰。对自己面孔和特征不带感情地忠实记录，让人想起伦勃朗的自画像，戈雅也承认这位17世纪的荷兰大师对自己影响巨大。他也曾提到其他因素对他的影响，如西班牙大师委拉斯凯兹和大自然。

此后的十年里，戈雅将见证这个曾经舒适的、进取的世界如何被倒转乾坤，如何在拿破仑军队的践踏下被撕裂，而后者却打着平等这一新理念的旗号。此后，他还将忍受西班牙君主制死灰复燃等反动浪潮所带来的痛苦。

然而，戈雅的艺术克服了时代所带来的混乱，标志着个人表现和独立精神等方面的真正革命，而这些恰恰是现代艺术运动背后所蕴含的生命力。

戈雅的马德里

  18 世纪末的欧洲，启蒙思想和对新科学的研究挑战着旧有的观念。但在西班牙，天主教的势力依然坚不可摧，把艾萨克·牛顿和勒内·笛卡尔等思想家的观念视为异端邪说。国王卡洛斯三世是出了名的虔诚和顽固，他的儿子卡洛斯四世则是个既懒惰又疏于朝政的昏君。

  现代思想的新观念还是慢慢渗透进了西班牙。卡洛斯三世和卡洛斯四世均致力于城市重建，还希望成为某种现代艺术的赞助人。他们也浸染了这个时代热衷于对自然世界收集和分类的影响：卡洛斯三世派舰队去世界各地网罗最好、最特别的自然珍稀，到了卡洛斯四世统治时，这座崭新的自然历史博物馆（即今天的普拉多博物馆所在的建筑）已成为马德里的地标之一。

  戈雅就成长在这些西班牙早期启蒙现象的第一缕微光中。戈雅的青年和中年时期的马德里是一座现代的、欣欣向荣的城市。当时仿佛每天都阳光灿烂，戈雅记录了城市街道的全貌。他真正痴迷的是人的形态和情感——特别是在他周围世界中看到的那些。

  人们称这些被启蒙思想吸引的人为"亲法派"，因为西班牙权力机构认为这些现代主义思想的来源即是法国。戈雅即是这样的亲法派，他追赶着法国最新的潮流，穿着更是大胆花哨。另一种时尚是玛哈（majo）风格，这种风格来源于西班牙吉卜赛文化中的浪漫元素。戈雅和他的小伙伴们可以在这两种风格之间随意转换，完全取决于他们是想强调引以为豪的西班牙文化，还是更想表现对现代世界的渴望。

  但戈雅的人生并非从马德里起步。

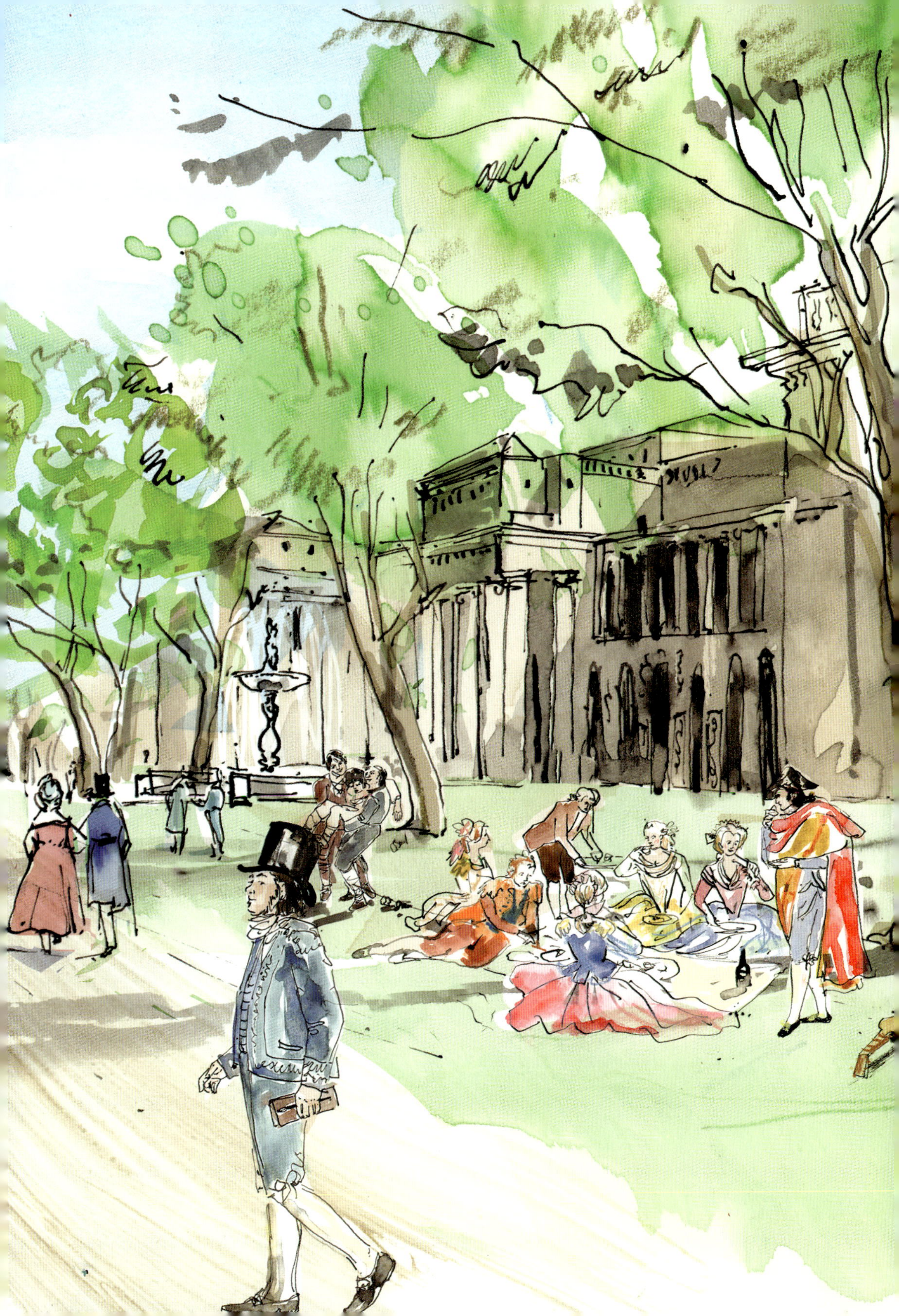

含着金汤勺降生

戈雅的全名叫弗朗西斯科·何塞·德·戈雅-卢西恩特斯（Francisco José de Goya y Lucientes），1746年3月30日出生于阿拉贡地区宁静的乡村丰德托多斯（Fuendetodos），这里是他祖父母的家。他在附近的萨拉戈萨城长大，那里有数不尽的教堂、修道院和主教座堂。父亲何塞是一个镀金师傅，这一职业在萨拉戈萨很容易找到工作，因为宗教艺术需要金色的画框和装饰。何塞有着很好的人际关系网。

我们对戈雅早年的生平知之甚少。他有两个姐姐和三个兄弟（一个哥哥两个弟弟——译者注），跟当时大多数孩子一样，戈雅也和他们一起在街头和乡野玩耍长大。1756年，10岁的弗朗西斯科就已经开始帮父亲和父亲的搭档胡安·卢赞（Juan Luzán）在教堂里给管风琴镀金了。

戈雅很幸运，他在萨拉戈萨的宗教学校（Escuelas Pías）受到了正规且免费的教育。其中有个叫马丁·萨帕特尔（Martin Zapater）的同学成了他终身的好友。1759年，父亲把他送到何塞·卢赞（José Luzán）那里当学徒，戈雅一待就是四年。也是在那里，戈雅遇到了巴耶乌三兄弟：曼努埃尔·巴耶乌（Manuel Bayeu）、弗朗西斯科·巴耶乌（Francisco Bayeu）和雷蒙·巴耶乌（Ramón Bayeu）。戈雅同他们成为了铁哥们，在其早期的艺术生涯中，他同弗朗西斯科和雷蒙的合作极为紧密。后来，他还娶了他们的妹妹何塞法（Josefa）为妻。

这是一个关系紧密的艺术群体，何塞·卢赞的父亲、兄弟同戈雅的父亲一样都是镀金匠。卢赞教戈雅如何使用颜料，帮他奠定了绘画基础。16岁时，戈雅接到了第一份任务：为丰德托多斯教堂的圣物箱上色。1763年戈雅离开萨拉戈萨时，他作为艺术家的职业生涯已基本确立。

猎人

我们对戈雅生平的了解很多来自他与同学兼好友马丁·萨帕特尔之间的通信。萨帕特尔保存了很多信笺，记录了戈雅如何逐步发展并最终获得了成功。信中也反映了戈雅的思想和日常生活中的私密细节。在给萨帕特尔的信中，戈雅经常回忆起年轻时他们一起在萨拉戈萨附近的郊外打猎的场景。戈雅喜欢这些户外体验，打猎是他终其一生最喜欢的消遣。

虽然戈雅钟爱自然，但自然很少成为他艺术作品的中心主题。他更关注人类行为。但是他对打猎的热爱，令他能混迹于那些贵族赞助人，特别是皇室成员之间。戈雅有着神枪手的美誉，让他在这些重要赞助人群体中站住了脚。

1763年，戈雅离开萨拉戈萨，奔赴马德里，在弗朗西斯科·巴耶乌的工作室中短暂逗留。戈雅还鼓励萨帕特尔来马德里，不是来游览这个城市，而是来同他一起狩猎马德里周边郊外随处可见的鹌鹑和松鸡。

来自意大利的故事

激进的艺术家引诱修女

前往意大利

职业艺术家想要在马德里出人头地,首先都必须成为皇家圣费尔南多美术学院的成员,当然竞争非常激烈。在这个城市的前几年,戈雅努力的目标就是这个。但赢得1766年大奖的是戈雅的朋友雷蒙·巴耶乌。(戈雅本人则直到1780年才凭借一幅相当传统的《基督受难》成为院士。)

为谋取职位而努力奋斗几年后,戈雅最终决定以一次意大利绘画之旅来提升自己的艺术水平。他在意大利待了三年。没人知道他在那儿是怎么过的,这也为戈雅的神话增添了传奇色彩。

当时学院派艺术的主流是新古典主义,学院传授的大都是临摹古典雕塑的石膏复制品或相同姿势的裸体男子。罗马到处都是标准化的作品,这是每个积极进取的艺术家都必须熟悉的东西,戈雅也不例外地吸纳了这一传统。他的意大利笔记本画满了这些不可错过的雕塑,包括两尊著名的、存于梵蒂冈的赫拉克勒斯雕塑:贝维德雷的躯干和贝维德雷的赫拉克勒斯。他也画了很多街头场景和其他不常见的景象:狂欢节的面具、看着窗外的驴子头像,还有一只猫。这些谜一样的图像预示了戈雅艺术生涯的下一个阶段。

西班牙艺术家在圣彼得大教堂上涂鸦　　　　　　　戈雅与斗牛士一同闲逛

拉佩帕

戈雅结束了意大利之行，志得意满地返回西班牙。1773 年，他娶了巴耶乌的妹妹何塞法——戈雅喜欢叫她"拉佩帕"（La Pepa）。对于戈雅这样一个有着大量书信，而他的人生也正是由这些他写给人、人写给他的书信勾画出来的人来说，这些信中竟然很少提及他和拉佩帕的婚姻，这点让人觉得非常奇怪。他们一起生活了 40 年，直到拉佩帕于 1812 年去世。但在为数不多提到她的信中，以及同样不多的描绘她的素描中，戈雅明显表达了对妻子的爱。

不过，家庭生活并不总是尽如人意。拉佩帕经历了多次的流产和妊娠终止。不过，至少有 7 个孩子存活下来了，但只有一个——哈维（Xavier）活到了成年。

戈雅经常跟萨帕特尔（终身未娶）笑谈他去妓院的经历。他倾心于年届中年的阿尔瓦公爵夫人的故事也非常有名，但这段感情似乎并未得到回应。于是在拉佩帕在世时，戈雅似乎只有一个女人，那就是他的妻子。尽管他常与熟人笑谈他的风流韵事，他的婚姻生活大体上还是美满的。

婚后不久，戈雅开始接到订件——通常都是和小舅子巴耶乌合作。1775 年，戈雅和雷蒙·巴耶乌一同接受了马德里圣巴巴拉皇家挂毯工厂的委任。

皇家挂毯工厂

皇家挂毯工厂始建于1727年，在丧失了在比利时的领地之后，菲利普五世创办了这所工厂。在这之前，挂毯都在比利时制造。卡洛斯三世喜欢在挂毯中加入更多的西班牙当代生活的现代设计元素，他的儿子卡洛斯四世则喜欢"诙谐的乡村景象"。

挂毯样稿是编织时的工作模板，其尺寸跟挂毯本身等大。编织工人把样稿放在经纱（被织布机绷直的垂直纱线）后面，根据设计的图案配以相同颜色的纬线（水平的彩色纱线）。当纬线穿到对应的位置后就打上结。这是一件高技术活，需要高超的眼力、注意力和灵巧度。曾有一次，编织工人抱怨说戈雅的样稿过于复杂，于是他只好加以简化。

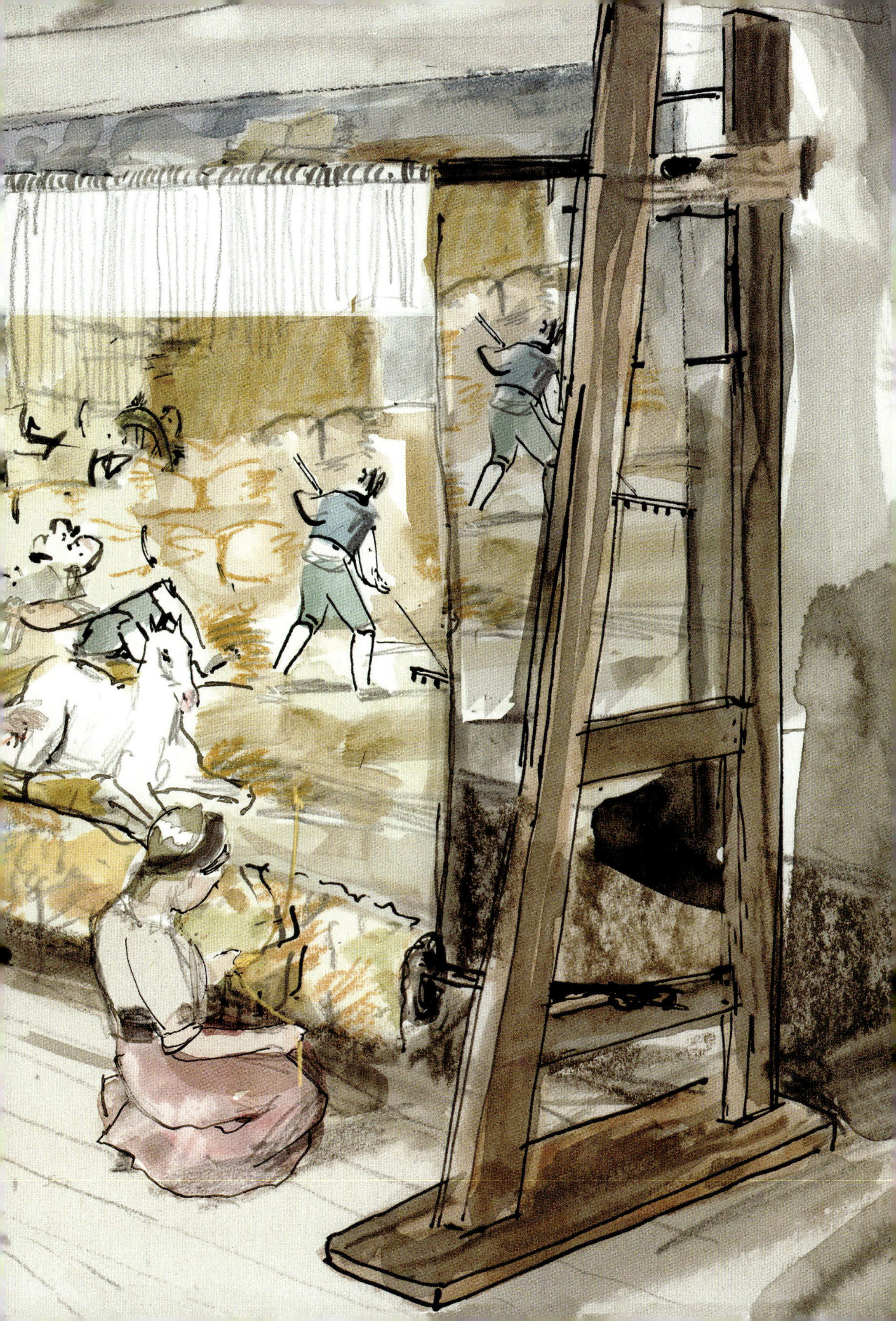

皇家挂毯工厂

1775 年，同为 28 岁的戈雅和雷蒙·巴耶乌一同被委任在马德里圣巴巴拉的皇家挂毯工厂工作，由弗朗西斯科·巴耶乌监管，此时弗朗西斯科·巴耶乌已是国王卡洛斯三世的宫廷画家。巴耶乌家族将再次助推戈雅这位内兄的艺术生涯。

重回马德里是个重大契机，这次他开始为皇家宫廷服务。1775 年至 1792 年间，戈雅总共为圣洛伦索·德埃尔埃斯科里亚尔（San Lorenzo de El Escorial）和埃尔帕尔多（El Pardo）等地的皇宫绘制了 63 幅挂毯样稿。他首先要绘制彩色草稿供艺术总监审核，然后再制成等大的模板交由工人们编织成挂毯。戈雅创作的田园场景包括在户外的狩猎、舞蹈、野餐和游戏等，反映了启蒙时代西班牙积极乐观的面貌。

戈雅的第一个挂毯订件是八幅狩猎图。《有诱饵的狩猎》是一幅令人不安的图像，画了一条顺从的狗和一些诱饵：睁着大眼睛的奇怪的猫头鹰，关在笼子里的金翅雀，用它们来吸引另一些小鸟自投罗网。这幅皇家艺术品反映了当时的时代背景，表现了当时皇室热衷收集大自然的珍奇异宝。笼中的这些动物看起来就像是摆错地方的科学标本，对应的正是这些珍禽异兽被装入笼中从殖民地运到了西班牙。更怪异的是，笼中的鸟儿可能都是剥制标本。瞪着大眼睛的猫头鹰这一形象来自皇家收藏的博斯作品，它将来还会影响后世的超现实主义者们。这幅画最古怪之处在于，这些笼中动物被置于自然环境之中，这种错位感显然恰是超现实主义者热衷的腔调。1774 年，卡洛斯三世在丽池公园（Parque del Buen Retiro）兴建了一座最原始的动物园，用来安置从殖民地带回的珍禽异兽。最近有艺术史家提出，戈雅曾一度画过那里的巨型食蚁兽。戈雅同很多马德里市民一样，很可能去参观过这个欧洲最早的动物园，他在那里看见的笼中的鸟兽和植物背景（虽然是人造的）启发了他创作这幅奇怪的画作。

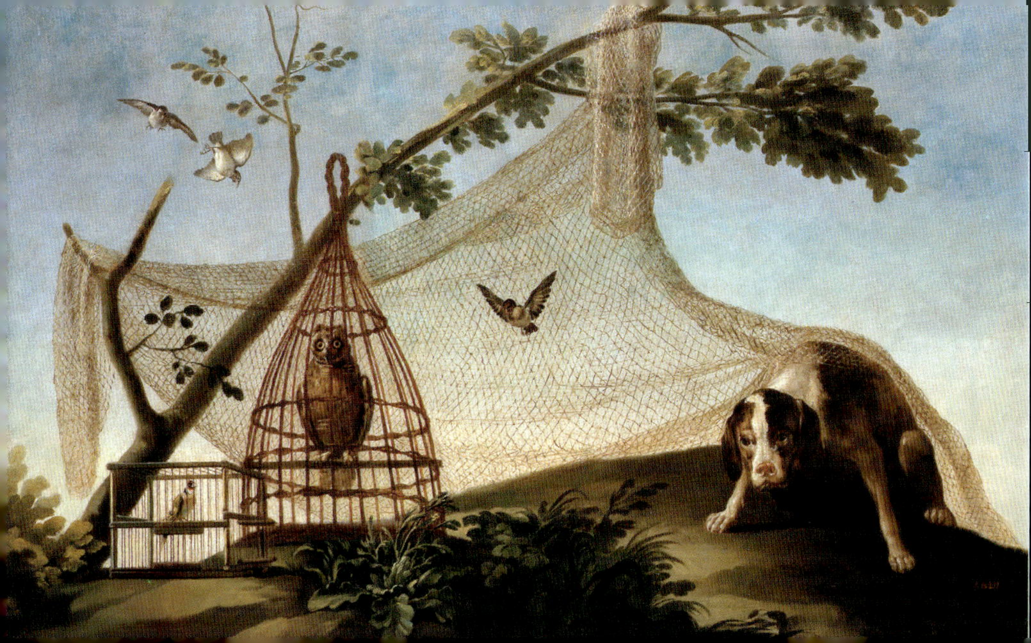

全世界的自然奇观

18世纪人们对自然界物种分类的热情就如同20世纪60年代的太空竞赛一样,许多国家都力图拔得头筹。西班牙皇室派遣舰队赴美洲殖民地记录当地的自然世界,并将当地的珍禽异兽带回国。只有少部分能活着到达西班牙,而大部分都被制成填充标本或骨架标本。

活物:
条件极其糟糕。据说有一只戴着镣铐的愤怒的猴子,还有一只拒绝吃腐肉的小老虎。

泡制标本、填充标本和骨架标本:
运输途中无法存活的就被制成标本。

畸形:
畸形的生物成为最受欢迎的进口对象,例如两个身子的兔子、无毛的奶牛等。

各式各样的异国工艺品:

泡制标本和填充标本成为卡洛斯三世自然历史陈列馆的馆藏,而活物则被放在公园饲养。作为卡洛斯三世和卡洛斯四世的宫廷画师,戈雅必然见过这些皇家藏品。这种西班牙的收藏意识——特别是对珍奇异宝的痴迷——也将体现在戈雅的作品中。

戈雅的玛哈风格

　　5 年后的 1780 年，宫廷突然停止了挂毯项目的资金投入（后在 1783 年重启）。弗朗西斯科·巴耶乌将戈雅和拉蒙召回萨拉戈萨，让他们去装饰城中的大教堂。但戈雅的作品遭到教会权贵的责难——他们认为其中一些女性形象"不像她们应该的那样体面"。他们要求弗朗西斯科·巴耶乌进行"修正"。戈雅发怒了。一个僧侣警告戈雅不要寻衅滋事，否则他将被众人视为"一无是处的"失败者，巴耶乌是"当今首屈一指的艺术家，而你（尽管也许天分更高）只是个新手"。

　　戈雅返回了马德里，融入到令他愉快的城市生活中。挂毯工厂的作品（也可能经由他表兄的努力），令他在宫廷声名鹊起。戈雅在王宫时会身着体面的法式服饰，一离开王宫，他常常打扮成玛哈风格。这种被称为"浪荡风"（majismo）的潮流受到被浪漫美化的吉普赛生活风格的启发，很快被王公贵族接受，甚至成为宫廷内非正式场合的流行装束，成为能体现西班牙民族自豪感的风格。戈雅还画过自己身着玛哈装束的自画像：短款的斗牛士夹克，加上有蕾丝边的衬衫，长发不是编成辫子而是披散着。虽然只不过是一种装束，却给他自由的感觉。他还有一把蒂普莱琴，那是一种阿拉贡式小吉他；他还搜集最时髦的歌曲，和萨帕特尔分享其中的乐趣。

"我自己的创造"

回到马德里，戈雅很快就接到一个官方订件：为大圣方济各教堂（San Francisco el Grande）绘制祭坛画。戈雅讽刺地写道，"巴耶乌大帝"将绘制另一幅祭坛画。为了给"……那些曾怀疑我价值的卑鄙的人们"看，他在画中加入了自己骄傲神态的自画像。他的弟弟卡米罗（Camilo）曾描述过他的成功围绕着的各种妒忌："……他们无法忍受戈雅被如此高度评价、受到如此高度礼遇。"

挂毯样稿的工作又重新恢复了，但此时的戈雅觉得自己可以做更重要的事。1776年开始，他把自己的作品称为"我自己的创造"。但这些都只能作为挂毯样稿，而不能成为它们应该成为的艺术品。戈雅的工作就是告诉人们请在"好的老国王"的恩泽雨露下安居乐业，但这一工作实在无聊乏味。戈雅开始从贵族中寻找肖像订件。

从路易斯·帕雷特（Luis Paret）绘制的这幅《卡洛斯三世的宫廷盛宴》可以看到，这些挂毯作为墙面装饰是多么的重要。卡洛斯三世正接受朝臣们的觐见，所有人都必须站着，只有狗才能坐下。帕雷特是卡洛斯三世的弟弟、波旁家族的红衣主教唐·路易斯（Don Luis）的宫廷画师，因为被指控为唐·路易斯拉皮条而被流放去了波多黎各。唐·路易斯违背了他的宗教誓言，他结婚了。他的宫廷也被赶到了距离马德里一百多英里的阿里纳斯德圣佩德罗（Arenas de San Pedro）。1783年至1784年，戈雅曾被召至那里为他的家庭成员绘制肖像……以及狩猎。

卡洛斯三世的宫廷盛宴
路易斯·帕雷特，约1775

板上油画
50厘米×64厘米
普拉多博物馆，西班牙马德里

"这将对我非常重要"

1783年1月,戈雅接到了到当时为止最重要的订件:为卡洛斯三世的首相、佛罗里达布兰卡伯爵何塞·莫尼诺(José de Moñino)绘制肖像,而他正是大圣方济各教堂那些作品的赞助人。

戈雅写信给萨帕特尔:

> ……别告诉任何人,我妻子知道,我只想告诉你……这将对我非常重要。我欠这位绅士很多。晚餐后我跟他整整待了两小时……

某位英国旅行者曾这样描述,伯爵是"……小个子,如果从他的眼睛来判断,相当忧郁……"

戈雅在画中加入自己,他把自己画得比伯爵矮小,从而让这个"小个子"显得相当高大。他自己的流行辫式看似相当低档,而伯爵则戴着一顶高贵华丽的假发。他一身黑色服装相当低调,相比之下,伯爵则身着华丽的绣金朱红色天鹅绒套装、珠光缎的背心、天蓝色丝光缎的肩带。戈雅正给伯爵展示一幅画,伯爵手中拿着个放大镜,整个身体却正面朝前,表情坚定地直视前方。画中突出了伯爵的蓝眼睛,正是上文震撼了英国旅行者的那对忧郁的眼睛。伯爵的头顶的墙上,有一幅国王面带微笑的肖像;伯爵背后是一位神情疲惫的侍从;那座巨大的钟的指针显示是晚上10点30分;桌面上散落着文件、地图和书籍,表明公爵为了他的人民在多么勤奋地工作。

戈雅竭尽所能想美化这位赞助人。几个月后,他写信给萨帕特尔:

> 我的朋友,我为伯爵绘制肖像的这段日子风平浪静,甚至都有点太静了,跟以前我给他作画时不太一样。当然,我也不想去打扰他。一些谨慎的朋友对我说,公爵的沉默和没有任何消息是好兆头。为他服务的这段时间里,他说得最多的就是"戈雅,如果有时间,我们再见一次面"。仅此而已。

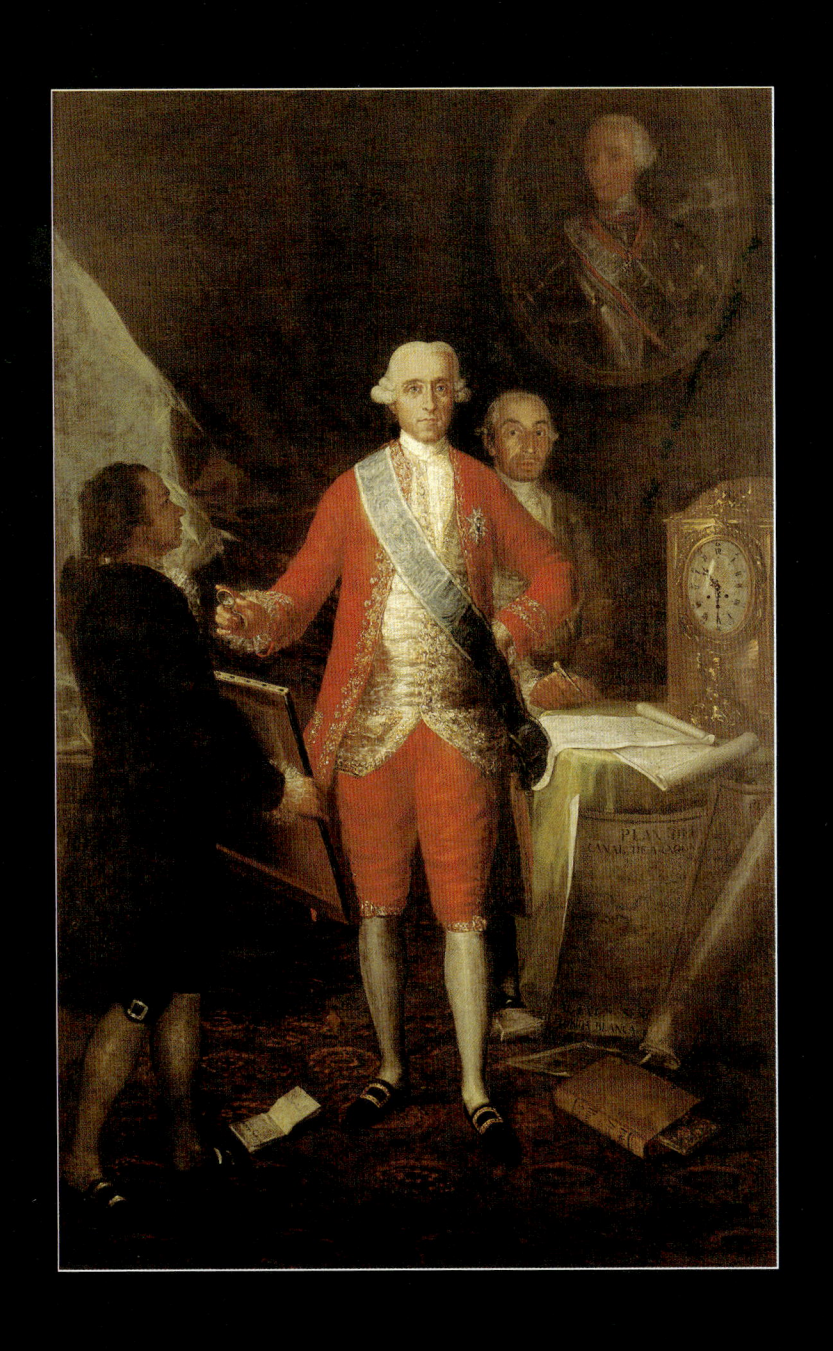

佛罗里达布兰卡伯爵何塞·莫尼诺、
戈雅和建筑师弗朗西斯科·萨巴蒂尼

戈雅，1783

布面油画
260厘米×166厘米
班柯·乌尔基霍藏品，西班牙马德里

私人的宇宙学

1783年，戈雅和妻子受邀去唐·路易斯的宅邸，为亲王及其妻儿绘制一幅家庭肖像。当时，唐·路易斯实际是处于"粉饰"的放逐状态，其兄卡洛斯三世已把他赶出了皇家宫廷。亲王盛情好客，戈雅则把这家人描绘成了"天使"。

唐·路易斯是欧洲最先拥有斑马的人之一。

唐·路易斯是个"受启蒙者",也是个雄心勃勃、眼光独到的收藏家。他的收藏简直就是启蒙思想的浓缩世界,展现了人们对科学、植物学和人类学的极大渴望。唐·路易斯的珍宝室内收藏了各种珍禽异兽。而他的图书馆中将有关动物标本剥制术、科学仪器以及美术的书籍放在一起,让人产生超现实的幻想。毫无疑问,唐·路易斯的世界让戈雅的奇想世界急剧地膨胀。

唐·路易斯有一个超大的图书馆,其中包括被西班牙官廷禁止的许多图书。

非正式肖像

　　这是唐·路易斯公爵府中的某个晚上，公爵正在和妻子打牌，侍从正在为公爵夫人整理夜间发型。桌上孤零零的蜡烛照亮了她的白色长袍、苍白的脸和黑色眼中的目光。周围的人与物投下了深深的影子，营造出某种舞台似的灯光效果。

　　画中其他人都站着，戈雅是唯一坐着的廷臣，就像帕雷特那幅《卡洛斯三世》中唯一被允许坐着的狗一样。戈雅背朝着观者正在作画，脸是一个侧面。

　　此画采用了西班牙宫廷画作的传统构图，把众人画成一个家庭。可能参考了委拉斯凯兹的《菲利普四世家庭肖像》（后又被称为《宫娥》）。像委拉斯凯兹一样，戈雅也把自己画成了家庭的一员。

　　跟《宫娥》一样，这幅画中也有个孩子正在看画家作画，她就是玛利亚·特蕾莎（Maria Teresa）。画中有着醒目的侧面像的高个男子是意大利大提琴演奏家路易齐·波凯里尼（Luiqi Boccherini），他是宫廷作曲家。女家庭教师抱着的孩子是玛利亚·路易莎·费尔南达。还有两个侍女捧着多娜·玛利亚的软帽。那个胖男人是宫廷秘书。头上缠着绷带的男人正等着戴假发，他轻松的姿态和露齿的笑容与一旁的宫廷画师亚历杭德罗·德拉·克鲁兹（Alejandro de la Cruz）的满脸怨气形成了鲜明的对比，因为他从未被委任创作宫廷家庭肖像。戈雅曾吹嘘说，"……其他画家从没被委以如此重任……"，想必指的就是这个。

宫娥（局部）
委拉斯凯兹，约1656

布面油画
318厘米×276厘米
普拉多博物馆，西班牙马德里

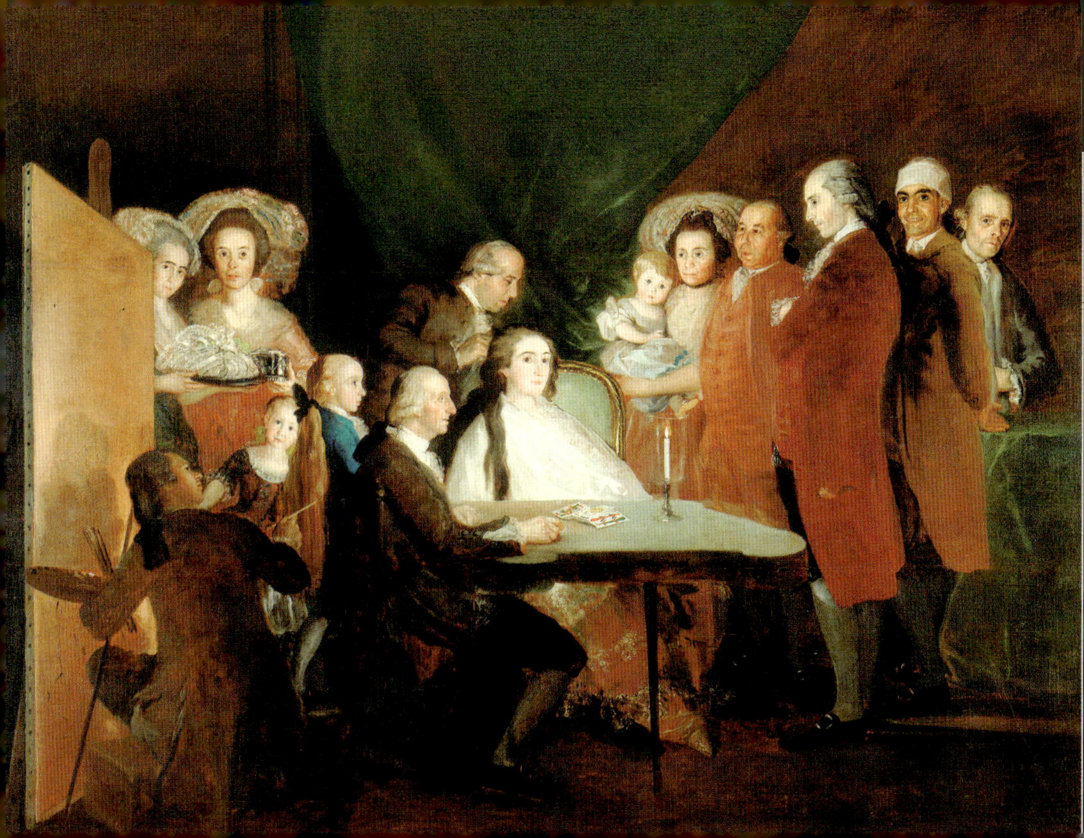

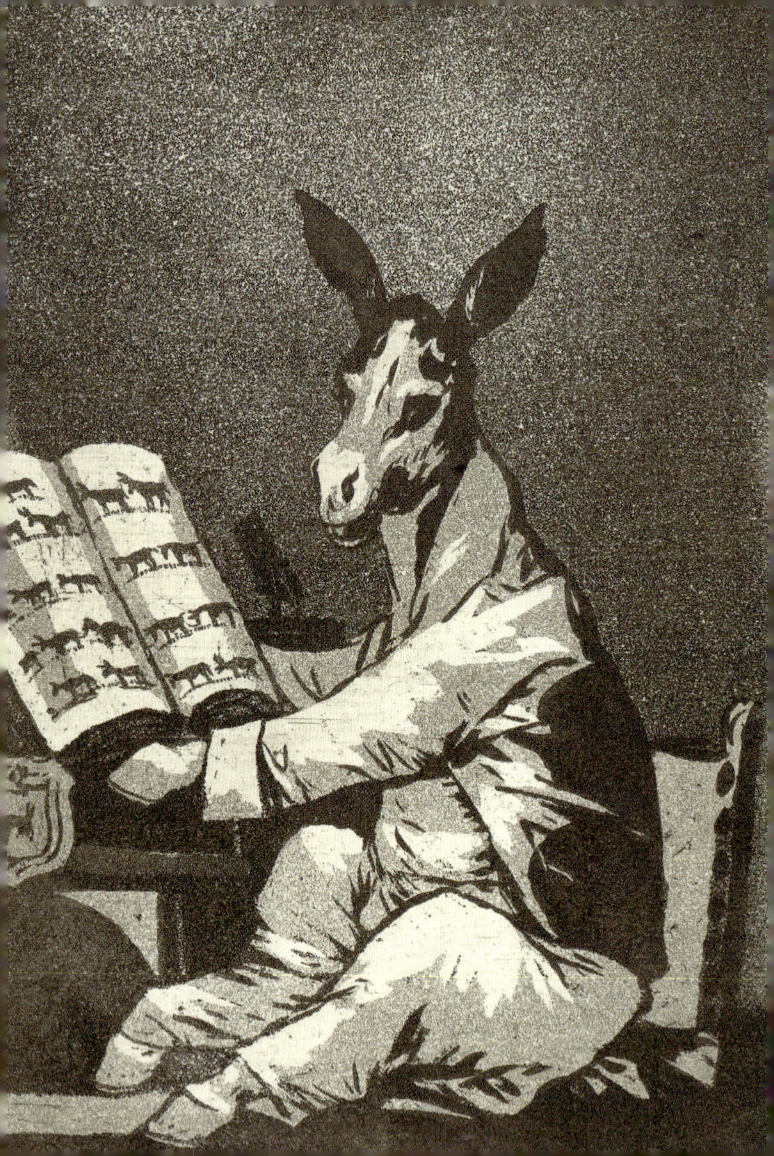

御用画师

1786 年，40 岁的戈雅被任命为卡洛斯三世的宫廷画师。1788 年卡洛斯四世继位时，戈雅不仅被留任，还加了薪。

1785 年起，戈雅担任皇家美术学院的绘画部副主任。

"我拥有如此令人艳羡的生活，"戈雅写道，"……那些想从我这里得到什么的人，他们都会来找我，"但是，"除非是非富则贵的人……我不为他们工作。"

戈雅与上流社会相处融洽，他也意识到自己可以获得更高的社会地位。1790 年，他试图在家族中寻找贵族血统，但找不到一丝线索。

多年后，在创作著名的《奇想集》版画组画时，他把自己年轻时虚荣自负攀附权贵的自我形象描绘成一头驴子正自豪地展示它的家谱，而其实……它们终究不过是一群驴子！

作为国王的御用画师，戈雅得以纵情欣赏皇家收藏——国王所拥有的难以置信的植物学和动物学的著作，以及珍宝馆中来自大自然数不尽的珍奇异宝。藏品中还有几幅 16 世纪佛兰德斯画家博斯（Hieronymus Bosch）的杰作，博斯对地狱的描绘极大地启发了戈雅去创造自己的艺术语言，并以此来描绘战争的恐怖以及人的残暴。博斯具有魔幻色彩的半兽半人的怪物不可思议地与西班牙人喜欢的超凡事物相映成趣，在戈雅创造的怪兽中得到了共鸣。

戈雅的新马车

1786年，为了庆祝自己成为卡洛斯三世的御用画师，戈雅给自己买了一辆轻便双轮马车。他真真切切地在马德里取得了成功，不再是那个来自萨拉戈萨的小男孩。

"翻车了，我一瘸一拐地爬了起来。它真是太漂亮了（像这样的马车，整个马德里也只有三辆）：它是英国造的。哇哦，人们都驻足围观。"

这辆马车在短时间内引发了一连串的事故。

戈雅的车夫把他带到城外旷野，给他展示如何让车急速飞驰，于是"马儿和我们"就一圈圈地跑开了。

一年后，戈雅厌烦了：

"我不再想要所谓的飞驰了。某一天车翻了，差点害死了一个走在街上的行人。我也没法把它晾在一边。于是我写信给哥哥托马斯，请他帮我买一对骡子。"

《婚礼》

此时，戈雅的画风有了变化，开始出现了某种不安的调子，这是在以前那些轻松愉快的挂毯样稿中不曾有过的。这反映了社会上态度的转变，人们开始以批判的眼光看待传统和传统经验。这些潮流也反映在戈雅最新的那些躁动不安的作品中。西班牙的"受启蒙者"（ilustrados，即受启蒙光芒照耀的思想者，他们支持科学、艺术和社会变革中的进步潮流），他们并未接纳法国大革命中诸如普选之类的激进观念，他们所关心的内容是非常自私的。他们中的很多人是富有的地主，因此最感兴趣的是土地和贸易改革之类对增加他们的利益和财富有利的内容；也有人意识到社会变革的重要性，这恰恰体现在戈雅的这些最新的"利刃"中。《婚礼》嘲讽的是一类古老的习俗：把年轻的姑娘嫁给年纪很大（但很富有）的老男人。戈雅将婚礼现场设置在一座崩塌破败的古代石拱前，象征了这一旧秩序行将就木；戈雅又刻意把"爷爷"的形象放在队伍的最后，正步履蹒跚地走下破烂的台阶。

画中的场景就像一出戏，这在戈雅的绘画中已不是第一次出现。画面中央站着的是新娘和新郎，背后是刺眼的白色阳光形成的背光。新娘是个十几岁的漂亮女孩，扎着头发，穿着深色的玛哈风格的裙子和白色有皮带扣的缎面鞋；新郎是个中年男子，猿猴一样的长相则是色欲的象征。他拽着新娘的袖子，淫荡的气息直逼她的脖颈。那个红脸的牧师长着一个球形鼻子，偷偷地把手伸进法衣里，这是营私舞弊的象征。他也许就是操纵婚礼的人。

队伍领头的是一个穿着短式玛哈风格夹克、头戴三角帽的男人，他吹着双簧管，身边跟随着衣衫褴褛的儿童和流浪儿。一个男孩站在一辆运货马车上，双臂高举在空中，这个姿势代表戴绿帽者之角（cuckold's horns），象征着婚姻的不忠，这恐怕也是此类权宜婚姻的通常结果。人们脸上的笑容都好假，明亮的阳光和人们的服饰都很不协调。

戈雅继续为埃尔埃斯科里亚尔皇宫设计挂毯样稿，但他最终还是没能完成这件所谓"可笑的国家任务"，因为他一年内就将为生活而战。

婚礼

戈雅，1792

布面油画
269厘米×396厘米
普拉多博物馆，西班牙马德里

失聪

1793 年 1 月，戈雅前往西班牙南部的安达卢西亚，那里是"浪荡风"的发源地。他没有向宫廷提出外出申请，或许因为他觉得不会被人发现。

戈雅在那里成为富有的丝绸商塞巴斯蒂安·马丁内斯（Sebastián Martínez）的座上宾。马丁内斯白手起家，是一个"受启蒙者"和很好的朋友，同时还是个亲法分子，1795 年有人向宗教法庭检举他私藏"淫秽"艺术品。不过最终免于起诉。

戈雅到达之后，很快就病倒了。1793 年 3 月的一封信中，马丁内斯写信说，戈雅忍受着头痛，不过几周后，他就康复了："……但出现了耳鸣并随后导致了耳聋。但他看起来还可以，似乎并未被令他失去平衡的病症所困扰。上下楼梯也非常好……"戈雅在马丁内斯那里一直待到 1793 年 5 月。

关于戈雅的病有一种比较确信的说法，认为他是铅中毒，很可能是他作画所用的铅白所致。然而，与他病症相关描述相匹配的同时代疾病是"艺术家的疝气"。此后，戈雅的余生一直生活在失聪之中。他只能面对这一障碍带来的孤独窘境：没有音乐、无法跳舞、无法与人热切地交谈。

（乔治·雅克·丹东）

（玛丽皇后，路易十六之妻）

革命

在 6 个月的康复期中，戈雅得以腾出时间来自我反思，也汲取了新的养料。马丁内斯收藏了不少法国和英国的讽刺性版画，其中包括荷加斯全套的铜版画。马丁内斯本人还是法国政治运动的忠实拥趸，拥有被禁的法国大革命的宣传手册。戈雅拥有充足的条件来熟悉这一切。

法国大革命始于 1789 年，而到了 1792 年，西班牙宗教裁判所开始控制边境，阻止"……诸如书籍、报纸、版画、盒子、狂热分子、小手册等各种宣传法国革命的东西"流入西班牙境内。西班牙的"受启蒙者"很多都是皇室成员，或者贵族阶层，这一信号对他们来说，既表示他们期待的东西已经变了，同时也预示着他们生活方式的终结。1793 年 1 月，西班牙国王的大表哥路易十六被控叛国，并被送上了断头台。不断有人被砍头：不论是与皇室有联系者，或者身居高位者，都自身难保、如履薄冰。整个马德里宫廷都处于动荡之中，而"受启蒙者"只能静观其变。

（路易十六）

（杜巴丽夫人）

《奇想集》和创新

1794年1月4日，戈雅给马德里的皇家美术学院寄去了11幅小画，附带的信写道：

> 为了满足我的想象，抵消思虑病痛带来的沮丧以及补贴由此带来的巨大开销，我决定画一些室内装饰小画。在这些画中，会出现一些订件作品中难以看到的东西；在这些画中，我将无拘无束地释放我的才智和独创性。

多年来，戈雅一直想创作富有复杂含义的创新主题。他期望人们能领略到这些画中的妙处。3天后，他又写了一封信对这组画进行补充说明："……有一个院子，里面有一群疯子，其中两个正裸着身子打架，而那个照看他们的人正用鞭子抽打他们和其他人（这是我在萨拉戈萨看到的事情）。"

戈雅写的很多东西都不能只看字面意思，上文中的最后一句即是如此。当时他还在康复期，所以不太可能真的去过萨拉戈萨精神病院，最有可能是他在剧院中看过《萨拉戈萨的疯人院》。画面中的场景显然也正是"舞台化"的效果，观众就像在看演出。

这幅"疯人之剧"采用了传统中描绘"傻瓜"的题材和方式，也许恰恰很好地表现了法国大革命，因为当时西班牙人把它视为一场群体性歇斯底里症。戈雅的朋友、剧作家莱安德罗·费尔南德斯·莫拉廷（Leandro Fernández de Moratín）当时正在法国，他写道，"法国人都疯了"。戈雅也很可能深受荷加斯1735年的《疯人院一景》的影响。

因为耳病的原因，戈雅终于从绘制挂毯样稿和美术学院教学等工作中解脱出来，可以专心投入自己的艺术计划和肖像画创作中。

疯人院一景，选自《浪子生涯》组画第8幅（局部）

威廉·荷加斯，1735

35.6厘米×40.8厘米

布鲁克林博物馆，美国纽约

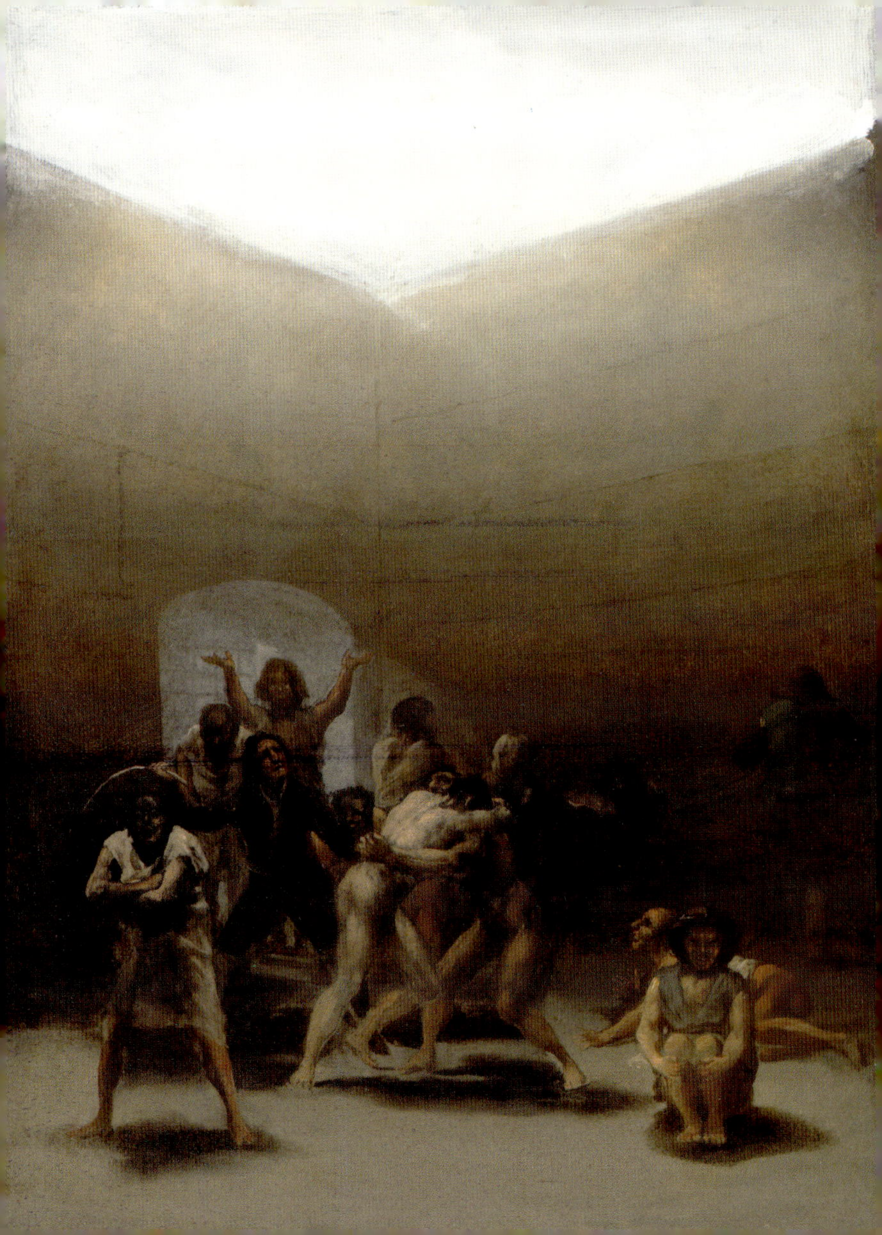

阿尔瓦公爵夫人

18世纪90年代早期,戈雅为尊贵的西班牙大公和热心的艺术赞助者阿尔瓦公爵和公爵夫人分别绘制了肖像。1796年公爵去世后,伤心欲绝的公爵夫人邀请戈雅等人陪她去加迪斯附近的多纳纳(Donana),戈雅在那里待了整个夏天——甚至可能有八个月之久。在这段时间里,戈雅一边是宾客猎手,一边为公爵夫人绘制了第二幅肖像。他绘制了两幅诙谐的作品,描绘公爵夫人和她两个正在纠缠仆人的孩子。戈雅本人的速写本画满了女人的素描——其中一些带有明显的情色味道。

在给萨帕特尔的信中,戈雅说,"我必须画她的整个身体",这话显然语带双关。在去多纳纳之前,公爵夫人就已成为戈雅的欲望对象,他幻想着拥有她的整个身体。

戈雅对公爵夫人的激情体现在为她绘制的第二幅肖像中。公爵夫人身着黑色裙子,但那不是丧服。她摆出优雅的姿势,左手搭在臀部,仿佛要跳弗拉门戈舞的动作。脚穿锦缎尖头高跟鞋,坚定地指着前方地面。手上戴的戒指上能看到刻着"戈雅"和"阿尔瓦"。而脚下的沙地上写着"Solo Goya"(只有戈雅),这点是20世纪50年代修复时才被人发现的。

戈雅在后来的《奇想集》系列版画中曾暗示是公爵夫人先对他示好,但更可能的是因为听觉的缺陷,他错误领会了她对他的友好。另一方面,《奇想集》也涉及了更为错综复杂的阴谋欺诈的关系网,而矛头暗指的是戈雅的另一个赞助人、首相曼纽尔·戈多伊(Manuel Godoy)。

阿尔瓦公爵夫人

戈雅, 1797

布面油画
210厘米×149厘米
西班牙协会博物馆, 美国纽约

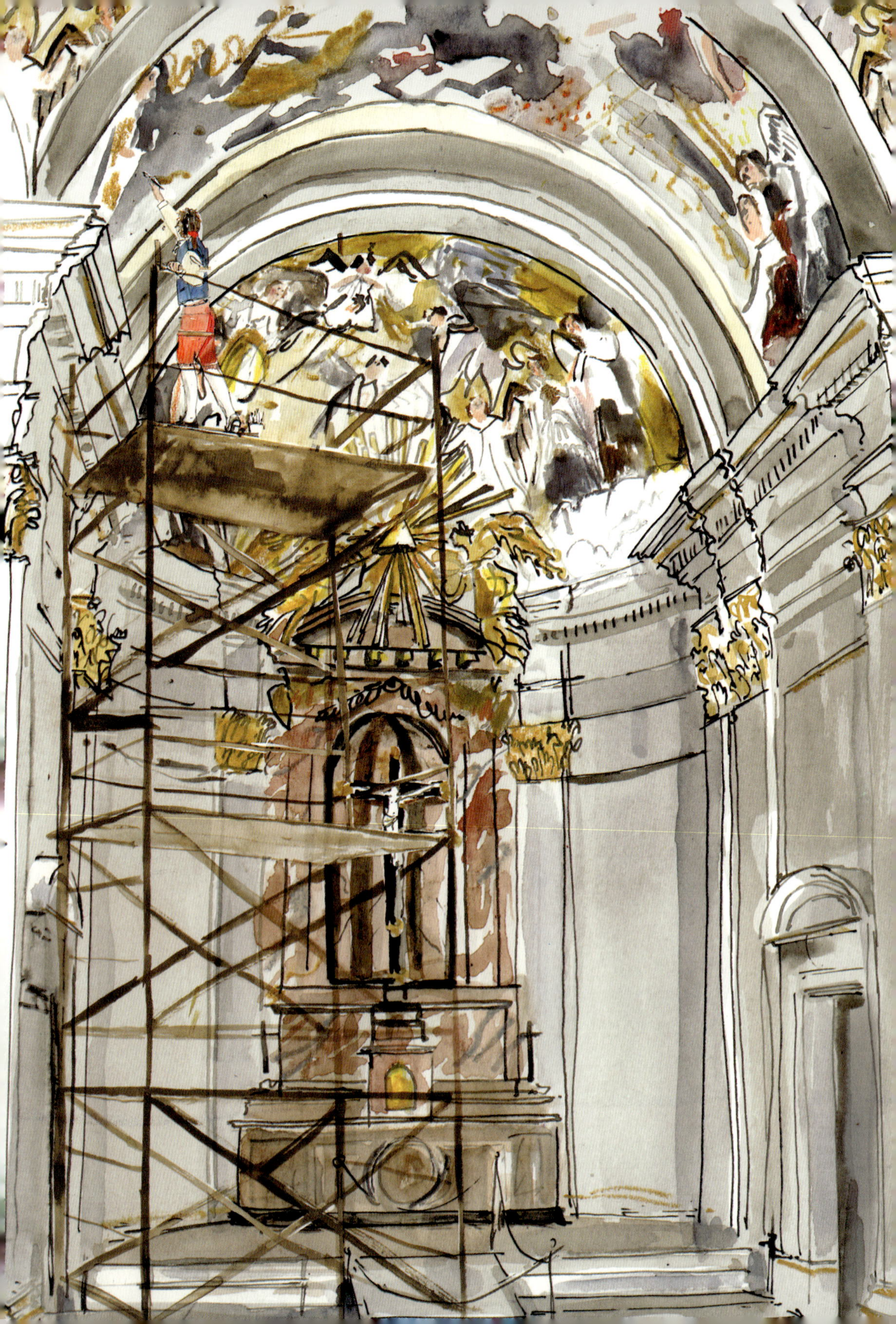

佛罗里达的圣安东尼奥教堂，1798 年

  1798 年 3 月，戈雅已经恢复得很好，又能接大工程了，于是开始为马德里新建的佛罗里达的圣安东尼奥教堂绘制天顶壁画。这个工程可能是由他的朋友加斯帕尔·梅尔乔·德·霍韦亚诺斯（Gaspar Melchor de Jovellanos）为他担保，霍韦亚诺斯是神恩与司法部长，早些时候戈雅曾给他画过肖像。

  这是一座皇家教堂，不对外开放。戈雅将不会遇到之前在萨拉戈萨遇到的问题，因此创作中有一定的自由度。

  戈雅的失聪影响了他的平衡力，所以在离地 9 米高的地方工作相当危险，但他画得很快——4 个月就完成了作品。给他的酬劳中还包含聘请助手的费用，他的助手阿森西奥·胡里娅（Asensio Julia）后来成了他的朋友，并协助他完成《奇想集》系列版画。教堂为戈雅提供了马车，每天接送他去教堂作画，创作所用的也都是当时最高级的材料。

  戈雅在大教堂穹顶上绘制了葡萄牙方济各会圣徒、来自帕多瓦的圣安东尼的神迹，这个故事中，圣安东尼的父亲曾错误地被控谋杀。戈雅把 13 世纪里斯本的犯罪法庭与 18 世纪马德里的元素并置在一起，他以群山风景作为背景，而画中那一大群旁观者基本都是马德里人的装扮，就像是来自他画过的那些挂毯草图。故事讲的是圣安东尼如何从帕多瓦飞到里斯本，救活了受害人，揪出了真凶。戈雅把真凶画成正打算逃出人群的样子。

  在穹隅处，戈雅画了几个正在拉帷幕的裸童（丘比特），而在圆拱之下，则是几个少女打扮的天使。教堂所在地是当时人们喜欢的野餐场所，圣安东尼是年轻女性的主保圣人。

  1919 年，戈雅的遗体被安置于这座教堂。1928 年，教堂旁边新建了一座一样的教堂，而原教堂则被作为献给戈雅的博物馆。

奥苏纳公爵夫妇

最赏识戈雅的艺术赞助人是奥苏纳公爵和公爵夫人。公爵夫人本人是一位著名的"受启蒙者",她的宴会上常常聚集了最重要的科学界和文化界的名人。奥苏纳公爵也是皇家版画工厂的赞助人和皇家美术学院的学术顾问。

奥苏纳公爵还是戏剧界的重要赞助人,经常在自己乡村别墅的私人剧院中组织演出。他们既能热情拥抱新科学,也能享受幻想世界的乐趣。他们尤其对巫术感兴趣,收藏了一本《女巫之锤》(*Malleus Maleficarum*,初版于 1487 年),这是一本讲述如何识别女巫的专论,也是以往几个世纪以来大规模猎杀女巫和烧死女性的指南手册。奥苏纳公爵夫妇委托戈雅创作 6 幅关于巫术的系列油画,目的是讽刺这种信仰,表明他们是启蒙思想者的立场,根本不屑这种迷信。

然而事实上,奥苏纳公爵夫妇和戈雅都对画作描绘的那些女巫和巫术极为痴迷。《空中的女巫》这幅画中,三个半裸的女巫升腾在半空,像一群害虫一样撕咬吮吸一个倒霉的裸男。女巫戴着尖尖的忏悔者的帽子,上面缠绕着蛇的图案,在顶端又幻化成火焰,象征着她们注定将被处以火刑。这种尖帽子名叫克洛萨(corozas),是宗教裁判所庭审时受审者戴的帽子。"受启蒙者"谴责教会和宗教裁判所培养了人们对巫术的恐惧——只有信巫术才会怕它。飞翔的女巫们下面,一个农民因为害怕看恶魔的眼就用斗篷盖住了头,另一个则索性吓得倒在了地上。一头象征愚蠢的驴子从理性的角度强调了整个场面是多么愚蠢,但图像本身仍旧十分骇人。

毫无疑问,此画的主题来源于当时十分流行的恐怖剧。

空中的女巫
戈雅, 1797

布面油画
43.5厘米×30.5厘米
普拉多博物馆, 西班牙马德里

街头文化

戈雅住在马德里剧院区的中心，热衷于逛剧院。他特别喜欢不拘陈规的剧场（小剧场）。

CALLE del DESENGAÑO

祛魅之街

一次，戈雅和朋友诗人、剧作家兼翻译家莱昂德罗·费尔南德斯·德·莫拉廷一起去看《魔法力量》（*El hechizado por fuerza*）。

剧中，女巫告诉牧师说，当油尽灯枯之时，就是他死亡之日。于是牧师赶紧去给灯添油嘴，防止魔鬼进入身体。而在他身后，影子则幻化成驴子在乱舞。

驴子很可能是走马灯投射在烟雾中产生的效果，这是一种流行的喜剧样式，莫拉廷对此不感兴趣，但戈雅却乐此不疲。

因为已经聋了，戈雅只能看剧本来理解其中的意思。

沉睡和梦境

戈雅最著名的讽刺性版画组画《奇想集》总共是 80 幅，这一数字也许是受到威廉·荷加斯叙事性版画组画的启发。戈雅起初想将这组画都用来描绘梦境，因此在构思草稿中多次出现"梦境"一词。他在一幅画中开始尝试采用"Idioma universal"（通用语言），这让他更坚信这些讽刺性图像可以被所有人理解。

在一些画中，戈雅给人赋予了动物特征。这种整个欧洲都流行的传统可以追溯到伊索寓言，也是戈雅同时代诗人们常用的手法。戈雅在 1799 年 2 月 6 日的《马德里日报》上刊登了售卖《奇想集》的广告，售卖地点就是他公寓楼下专卖香水和酒的商店，而那条街恰好就叫"祛魅之街"（Calle del Desengaño）。

《奇想集》第 43 幅，画的是戈雅趴在桌子上，桌子侧面写着："理性沉睡，恶魔乃生。"他的背后是飞翔的蝙蝠和猫头鹰等夜行动物。一些猫头鹰的脸就像是戴着眼镜的人脸，有一只还正用铅笔捅戈雅。"理性之梦"可能指代的是启蒙时代对科学的痴迷。科学似乎可以推翻教会和宗教的权威，同样也有一种奇怪的、不可思议的新权力。画中的动物仿佛是从某个博物学者堆满了珍禽异兽的珍宝室里的橱柜中逃出来的。蝙蝠——一种会飞的动物——一直以来都是魔力的象征物。阿尔瓦公爵夫人的豪华官邸中自由放养着伊比利亚猞猁，此画右下角的猞猁可能代表的就是她。

极简的色彩——纯正的黑色——强化了梦魇世界的氛围，传递出某种紧促感。同时，这也是当年绘制皇家收藏的动物插图时所用过的颜色。黑白图像也是大众印刷品的常用形式——比如奥苏纳公爵夫妇等"受启蒙者"阅读的法国大革命宣传册就是那样。

此画又令人想起剧院——走马灯造成的幽灵般效果的蝙蝠影子。戈雅极喜欢用黑色。在揭露黑暗现实和社会不公时，黑色成为一种极具表现力、近乎激进的工具。

El sueño de la razon produce monstruos

霍韦亚诺斯和西洋镜

戈雅创作了两幅关于西洋镜的素描。其中一幅画的是,一个屁股部位裤子开衩的男人正从一个小孔中窥视,而一个女人则盯着他露出的屁股傻笑。戈雅在画上写着"tuti li mundi"(整个世界),这也许就是西洋镜和走马灯节目的名字。这让人想起另一幅他画在某封信上的素描,画的是一个人裸露着屁股,在肛门的位置有一只眼睛,还附有一句说明:"他们正在看他们看不见的东西。"

那些更具清教徒精神的"受启蒙者"则对西洋镜和走马灯严令禁止,将其与"……木偶戏和怪人、小丑、滑稽演员以及绳索舞者"等相提并论。神恩和司法部长(也是戈雅的朋友)霍韦亚诺斯是个忧郁的人,他曾提交过一份讨论时下流行的这些追求自由和乐趣的娱乐项目的报告,他认为这些娱乐并不能真正令民众开心。他愿意让人民开心,但作为社会改革家,他相信自己比他们更明白什么才是对他们好的东西。但戈雅并不严格恪守清教徒精神,他清楚地看到这些滑稽的东西和娱乐节目充满了人性的元素。

整个世界
戈雅,约1808—1814

纸上综合材料(铅笔、蜡笔、粉笔等)
20.7厘米×14.4厘米
西班牙协会博物馆,美国纽约

搞笑的漫画

在《奇想集》中，戈雅把猥亵的方式当作一种喜剧手段。但用这种传统的反教会的图像来批评教会的伪善和贪腐，令戈雅处于危险的境地。有人把他告到了西班牙宗教裁判所，禁止他销售这些作品。

《奇想集》中有一幅反教会的作品：《他们很热》（《他们在发情》，热是"发情"的双关语），描绘了一群修士正围在桌边喝汤。然而，预备草图比这还要直白。其中一幅草图上的附带文字写的是"搞笑的漫画"，画了一个僧侣长着阴茎形状的大鼻子，不得不用支架支撑。戈雅讽刺的是教会的禁欲宣言。

在西班牙文学中，将鼻子和阴茎联系在一起的做法屡见不鲜。在《给一位丈夫》（*To a husband*）的故事中，克维多（Quevedo）嘲讽了一位妒忌的丈夫，他割掉了妻子情人的鼻子：

> 这么做，你妻子一点损失也没有，因为另一个还在，我可以用它再次侮辱你。

戈雅也不是第一个采用这一讽刺性主题的视觉艺术家（民间流行的图像中还有更粗俗的例子）。但在"受启蒙者"眼里，这含有政治意味，所以戈雅此举带有极大的风险，他这么做可能仰仗着艺术赞助人的庇护。这组版画吸引了奥苏纳公爵，初版时就以高于戈雅售价的价格购买了品相最好的四套。

搞笑的漫画
戈雅，1796—1797

中国墨、纸
23.2厘米×14.2厘米
普拉多博物馆，西班牙马德里

《和平王子》

1803 年，戈雅把剩下的 240 幅《奇想集》版画和铜版卖给国王，为他儿子换得一笔津贴。这或许让他得到了一些庇护，免遭宗教裁判所的审查，但这不是戈雅唯一一次受到他们的关注。后来，他为首相曼纽尔·戈多伊创作的那幅斜躺的裸体惹出了更多的麻烦。而眼下，他还在为戈多伊夫妇绘制肖像。

戈多伊自负、有野心，他希望自己的军事生涯能像偶像拿破仑那样。戈多伊 17 岁入皇家卫队，上升势头飞快，四年内就从见习军官升到公爵。他对国王和王后极尽谄媚，他们之间的三角关系甚至被人称为"圣三位一体"，人们普遍认为他实际上就是皇后玛利亚·路易莎（Maria Luisa）的情人。

1792 年，卡洛斯四世任命他为首相，但他未能将法国国王、卡洛斯四世的大表兄从断头台上救出，这令他处于被动的境地，因为西班牙舆论普遍认为政府有责任完成营救。于是西班牙联合英国，宣布对法国开战。然而到了 1795 年，戈多伊与法国签署了和平协定，公众舆论又赞颂他为"和平王子"。

1801 年的这幅画中，戈多伊刚打赢了与葡萄牙的一场战斗。他身着戎装躺在椅子上，手里拿着的文件可能是投降书。此时，法国的革命政府已经穷途末路，法国掌握在拿破仑手里，他有着无穷的帝王野心。戈多伊和他崇拜和效仿的偶像拿破仑签订了多份协议，其中包括与法国联手对抗英国（英国此时已与葡萄牙结盟）。其中一份条约授予他"阿尔加维亲王"称号——于是他成为葡萄牙南部真正的统治者。然而拿破仑真正的意图并不是对戈多伊施以恩惠，他要的是先拿下葡萄牙，再搞定西班牙。戈多伊的虚荣和无能为拿破仑入侵西班牙铺平了道路，拿破仑几乎没遭到来自西班牙统治者的抵抗。

阿尔库迪亚公爵曼纽尔·戈多伊(或称"和平王子")
戈雅,1801
布面油画
180厘米×267厘米
皇家圣费尔南美术多学院博物馆,西班牙马德里

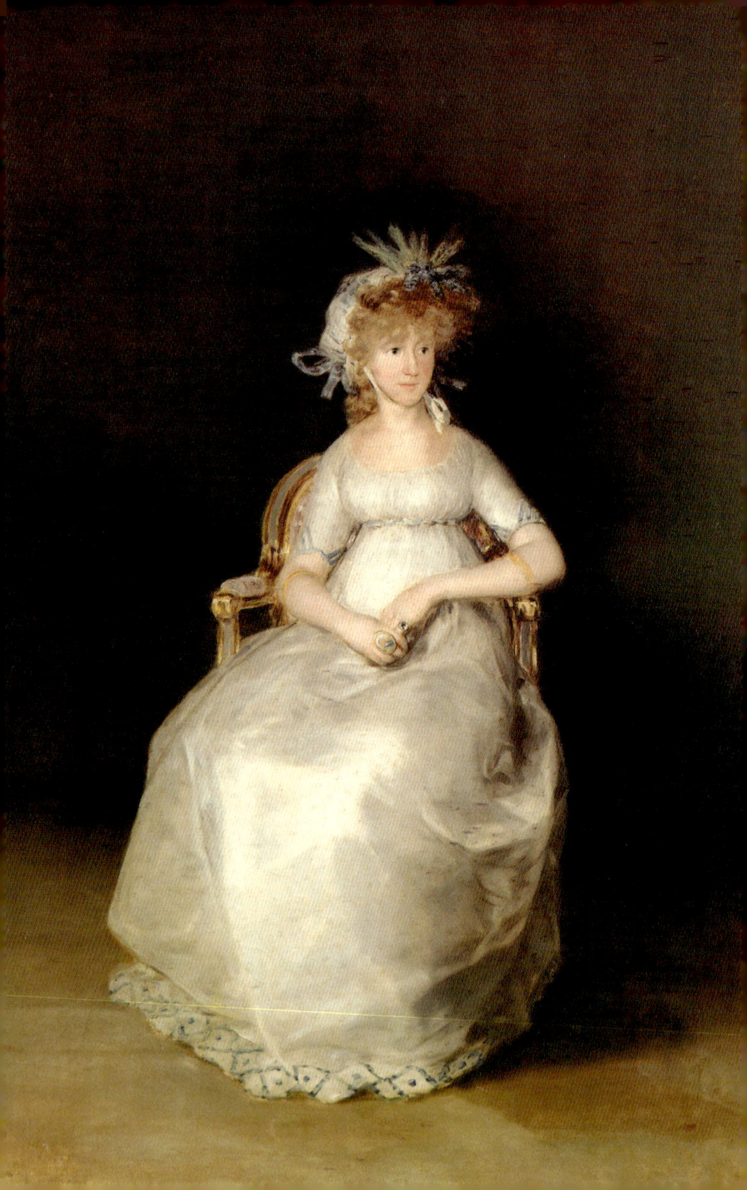

不幸的公主

1796年夏，戈多伊当时正在桑卢卡尔（Sanlúcar），戈雅也在那里。戈多伊遇到了他一生的爱人，佩皮塔·图多（Pepita Tudó），此时她只有17岁。一年后，为了给了戈多伊更多荣耀，皇后把国王的小表妹、钦琼（Chinchón）女伯爵玛利亚·特蕾莎嫁给了他。

在唐·路易斯·德·波旁具有家庭氛围的宫廷中，戈雅曾一度感到了家的感觉，当时玛利亚·特蕾莎是一个大眼睛、充满好奇心的小女孩，当父母在玩儿牌或母亲在做头发时看着戈雅画画。眼看着她将下嫁给戈多伊，戈雅一定会有点哀伤，而且佩皮塔·图多还将继续跟这对夫妻生活在一起。戈雅把这种感受融入作品中，这就是《奇想集》中某一幅描绘不幸福的婚姻的画作的来源。

戈雅绘制的肖像中，玛利亚·特蕾莎穿着一条朴素的、有圆点装饰的、高腰线的白色丝裙，头戴软帽，显得柔弱而谦逊，正若有所思地面向左边。头上装饰的玉米束是丰饶的象征——当时她已经怀孕了。软帽边溜出来的金色卷发让戈雅想起那个记忆中的小女孩。她的戒指上镶着带饰框的戈多伊的珐琅肖像。

戈雅值得尊敬的密友霍韦亚诺斯在受邀出席戈多伊宅邸的宴会后，愤慨无比：

> 他右手边是公主，左手边则是佩皮塔·图多。这让我很焦虑，我简直没法忍受。我没法吃饭，也没法说话。我没法保持镇静，只好赶紧逃走了。

一年后，霍韦亚诺斯就被戈多伊撤了职，后来还被投进了监狱。1807年，他在流放途中写给曼纽尔·巴耶乌的信中还问及戈雅的近况，他说要拥抱"……这个绅士，因为我对他永远怀着最真挚的友谊"。四年后，霍韦亚诺斯死于家乡阿斯图里亚斯。

两幅《玛哈》

戈多伊住在马德里的一所现代宫殿中,那里收藏了一千多件艺术品,其中有 26 件戈雅的作品。他还有一间藏有女性裸体画的密室,只有特别访客才准入内。藏品中还有从阿尔瓦公爵夫人那里得到的那幅《维纳斯和丘比特》,委拉斯凯兹的这幅充满情欲色彩的作品画的是一个斜躺的裸女的背影。

1800 年,戈多伊向戈雅定制了一幅斜躺着的玛哈的裸体作品。画的主题不是维纳斯,而是马德里街头的某个女孩,这幅画或许是欧洲艺术史上第一幅描绘了阴毛的作品。而且,她还带有戈多伊的情人佩皮塔·图多的特征。她两颊涂红,描眉画眼。她虽然是欲望的对象,但略带节制,引诱式地炫耀着自己的裸体。

不久之后,戈多伊又要求戈雅绘制一幅着衣的玛哈,要求她身着异国的后宫服饰。人们认为,戈多伊把这两幅画背对背地挂在一扇旋转门的两面,目的是为了让宾客们大吃一惊。

1815 年,半岛战争结束后,这些画作将会给戈雅带来麻烦。它们落入了宗教法庭之手,戈雅被招入法庭,要求他"解释这两幅画是否出自他手,创作动机是什么,受何人委托,最终目的是什么……"。戈雅并非一直被迫接受此类倒霉的任务,但宗教裁判所的威胁却一直阴魂不散。

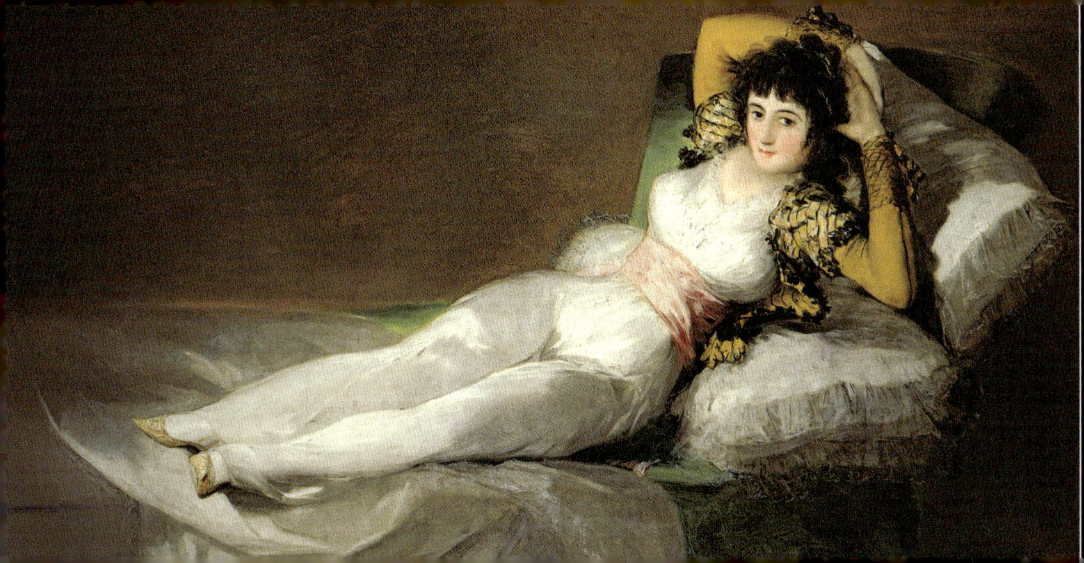

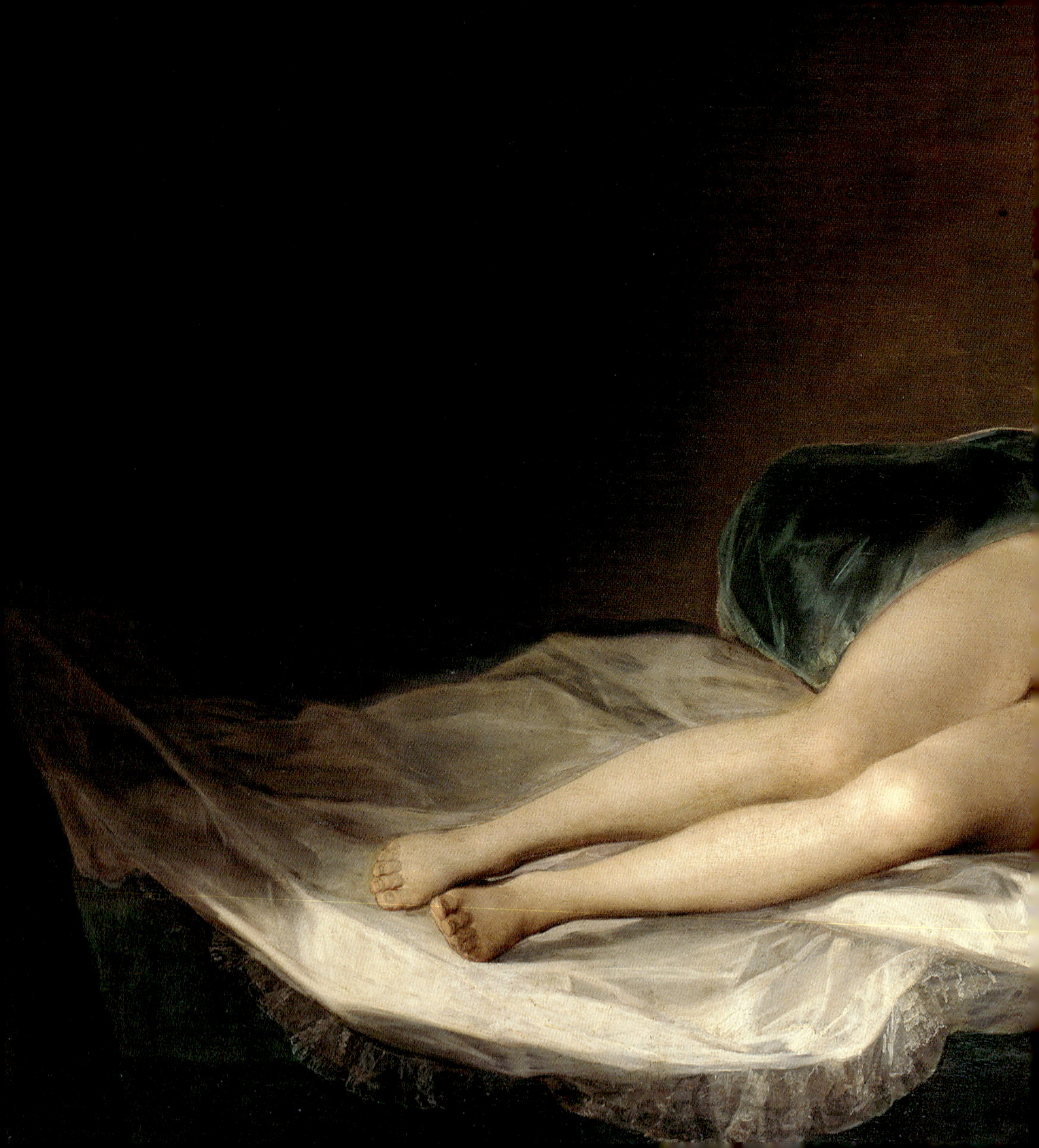

裸体的玛哈

戈雅，1797—1800

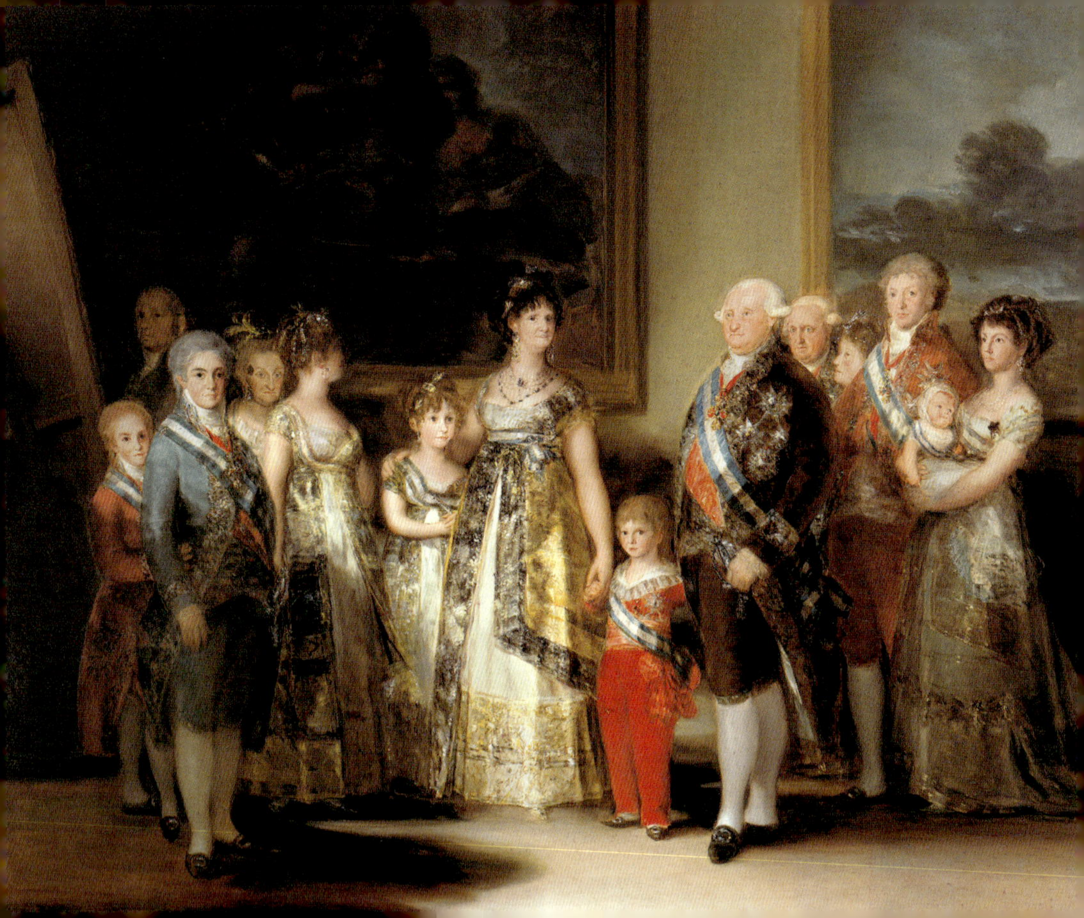

描绘懒散

1800年，法国大使、拿破仑的哥哥卢西亚诺访问西班牙宫廷时，可能是戈多伊委托戈雅为王室创作了这幅家庭群像。

此画并非奉承之作，但国王夫妇仍然很满意。戈雅沿用了西班牙宫廷肖像追求写实的传统，皇后被描绘得很粗俗：笨重的金耳环和金项链，她大笑时露出的假牙以及她引以为豪的粗壮的胳膊。另一方面，肥胖且有些浮夸的国王，炫耀着他的奖章，粉色的脸上露着茫然的表情。他是个慵懒的君王，乐意把权力交付妻子和戈多伊之手。

玛利亚·路易莎位于画面中央，两侧是她最小的两个孩子，戈雅知道这种构图能满足她的虚荣。画中的男孩弗朗西斯科·德·保拉双手拉着父母，或许是为了平息他其实是戈多伊的儿子的谣言。左边的蓝衣青年是未来的费迪南德七世，他身着红衣的弟弟卡洛斯把手插在哥哥的侧下，好像要把他推向下一任国王的宝座。卡洛斯后来会挑战他哥哥的王位。

那个转头在看墙上画作的女人没有面孔，因为当时还不知道她将会是费迪南德妻子。

叛乱和隔离

　　1807年12月,拿破仑协助斐迪南密谋反叛。计划失败后,拿破仑开始筹备入侵西班牙。当这一消息传到戈多伊和国王、王后耳中,他们立刻逃离阿兰胡埃斯(Aranjuez)的行宫,打算逃走。1808年3月17日,斐迪南的支持者发生兵变,军队直接开进阿兰胡埃斯行官。

　　两天后,戈多伊被人从皇宫的阁楼中揪出,他当时正藏在一堆卷起的地毯中。

为了自己的安全，
他把自己监禁了起来。

《1808年5月3日》

随着戈多伊的倒台，国王的处境也摇摇欲坠。他退位转而支持自己的儿子，但斐迪南的王位也没能维持多久。4月，拿破仑将他召至法国和西班牙边境的巴约纳（Bayonne），而他的父母和戈多伊早已在此地被捕。他被迫把王冠还给父亲，再由老国王呈献给拿破仑。5月2日，法军首领、拿破仑麾下中将缪拉（Murat）的大军进驻马德里。

法国军队攻占马德里后，西班牙军队彻底溃散。西班牙政府之中已无人能主持大局。这个城市的新统治者缪拉将军在皇宫下达命令，拘捕和处决被怀疑有反法情绪的人士。戈雅从自己家的窗户就能看到用于处决犯人的山头，他还有个望远镜，因此他很可能亲眼见证了这些处决。

六年后，戈雅用绘画记录了这一事件，这幅著名的画作描绘了处决第一天晚上的场景。士兵正举枪瞄准，从背后看去，他们就像是一排穿着制服的机器，一群没有面孔的刽子手。枪声响彻了整个夜晚。画面上，地上堆满了尸体、血流成河。

被杀者神态各异：有的恐惧、有的绝望；有的慌张、有的轻蔑。中间的两个面朝着刺刀，一旁是正在祈祷的修士，后者同样也是受难者，而不是忏悔者。画面的焦点是身着白色衬衣黄色马裤的男人，地上立方形的灯照亮了他。他的眼白同黑色皮肤形成了鲜明的对比。他挑衅式地将双臂举在空中，仿佛是基督受难的姿势；他摊开手掌，像是接受圣痕的样子。戈雅把这次勇敢却徒劳的"光荣起义"描绘成一场殉难，这是描绘战争的新模式。

巨大的立方形灯非常醒目。它不像文艺复兴艺术中照耀在圣经人物身上神秘的金色光芒，更像是现代电灯泡那样，发挥了一种最基本的照亮功能。巴勃罗·毕加索后来曾描述过这盏灯：

> 画面中央，地上有一盏巨大的灯，它在照耀什么？举着双臂的那个人，他就是殉难者。仔细看看：灯光照着他。灯就是死神。为什么？我们不知道。戈雅也不知道。但戈雅一定知道，必须这样画。

60

1808年5月3日（修复后）

戈雅，1814

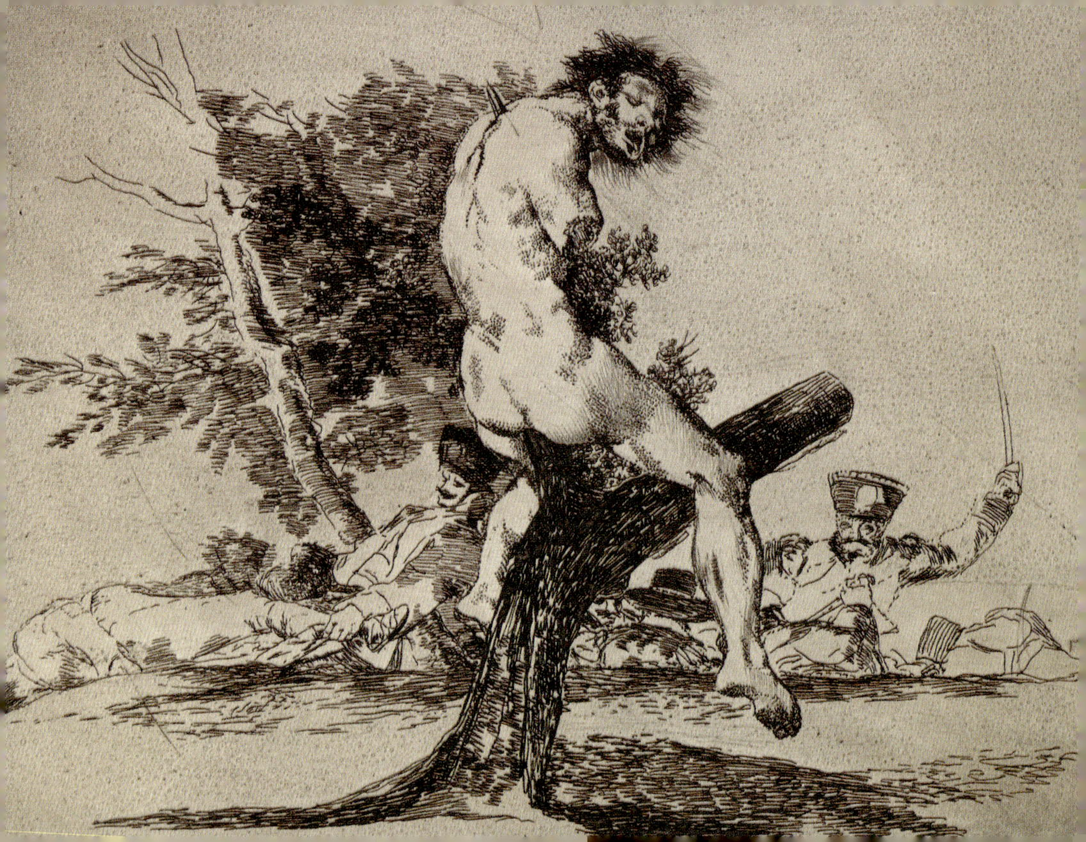

《战争的灾难》

1808 年 10 月，戈雅陪约瑟夫·帕拉福克斯（Josef Palafox）将军去了萨拉戈萨。在 6 月至 8 月法国人的围攻中，戈雅"……亲眼见证这个城市的毁灭，我的目标是描绘市民的英勇事迹，我无法宽恕自己，因我对家乡的荣耀是如此动情"。

这一时期创作的大量素描后来被用于戈雅最负盛名的作品、对人类惨无人道暴行的控诉的杰作：《战争的灾难》。

11 月，他逃到了丰德托多斯（Fuendetodos），当 12 月的第二次围攻开始时，他毁掉了一些手稿以免落入法国人之手。

1809 年 5 月，他被召回马德里，去侍奉西班牙的新统治者、拿破仑的弟弟何塞一世。在秘密绘制《战争的灾难》草图同时，他为这位"入侵者-国王"绘制了一幅肖像，作为寓言的一部分。他希望以组画的形式出版这一系列版画，但在其生前并未如愿。

第 37 幅即是这些暴行中的一幅，戈雅参照当年在意大利时绘制的赫拉克勒斯经典雕塑贝尔维德雷躯干的形象，绘制了这幅残躯。戈雅表现了令人厌恶的战争，同时也在追问，当面对这些野蛮暴行时，艺术应该扮演何种角色。传统中，描绘战争的艺术通常都是表现英雄主义的，但在戈雅看来，艺术应该是记录真相的手段。这些作品具有开创新意义：既是新艺术，也是令人不安的现实主义。

戈雅在其中一幅画上写道："我亲见这些——比比皆是"——这些是事实，而非想象。

贝尔维德雷躯干
公元前 1 世纪

大理石
高 156.5 厘米（连带基座高 214 厘米）
梵蒂冈博物馆

为女性大声疾呼

在残酷的战争中，戈雅极力颂扬女人们的刚毅和勇敢。这是戈雅描绘战争作品的另一个新焦点，画中的女人不再只是被动的牺牲品，而是积极行动的主角。

整个系列中为数不多的英雄形象是阿拉贡的阿古斯提娜（Agustina of Aragon），她在萨拉戈萨之围中爬上死人堆发射了炮弹。西班牙解放后，她赢得了一枚勋章和战争津贴，像正规军人一样受人尊敬。

戈雅并不避讳在画中描绘暴力,尤其是对女人的施暴。他对奸淫掳掠场面的描绘,强烈地表达了身体的抗争、敌对势力、压迫力量以及残暴统治等。

斐迪南七世

　　1812年6月，临近战争结束前，戈雅的妻子病逝，终年65岁。为了平息心中的悲伤，戈雅创作了一系列暗调绘画，描绘了死去的鸟、兔子和肉，这些对象都来源于传统的静物画，象征着生命的短暂无常。

　　8月，威灵顿公爵带着英、西、葡联军进驻马德里。戈雅绘制了马背上的公爵像。这幅画在马德里皇家美术学院陈列了一周，一年后，法军在维多利亚战役中失利，从此正式撤出西班牙。

　　此时，斐迪南王子和卡洛斯王子仍被关押在法国的瓦朗塞城堡。斐迪南为当地教堂绣了一块祭坛装饰布。在签署了法国和西班牙联合抵抗大英帝国的条约后，他于1813年12月被释放。1814年，拿破仑退位，1815年6月，拿破仑兵败滑铁卢。

　　而在遥远的加迪斯，一群"受启蒙者"正在密谋起草一份限制皇权、结束封建专制的宪章，其中还包括取缔残暴酷刑和追求言论自由，力图废除西班牙宗教裁判所。

　　1814年3月，斐迪南终于越过边境回到西班牙。起初，他假意接受了《加迪斯宪章》，但两个月后即将其废除并逮捕了相关领导者，以神授王权的国王身份进驻马德里。这位曾指责"受启蒙者"给社会带来了灾难的斐迪南，这位曾被人们视为"众望所归"的统治者，最终并未令他的人民满意。同其他专制者一样，一旦登上王位，他立刻恢复了耶稣会和宗教裁判所。

　　戈雅仍旧是御用画师。他为斐迪南七世绘制了许多肖像，但基本底稿都是一幅单一姿势的素描稿。画面中国王顽固、充满愤恨和怀疑的表情极其准确地表现了人物个性，国王周围的随从亲信是一群阿谀奉承、极尽谄媚的无耻小人。加冕时的皇袍反而让国王的身躯显得矮小，他看起来相当可笑，就像是一出闹剧中的跳梁小丑。

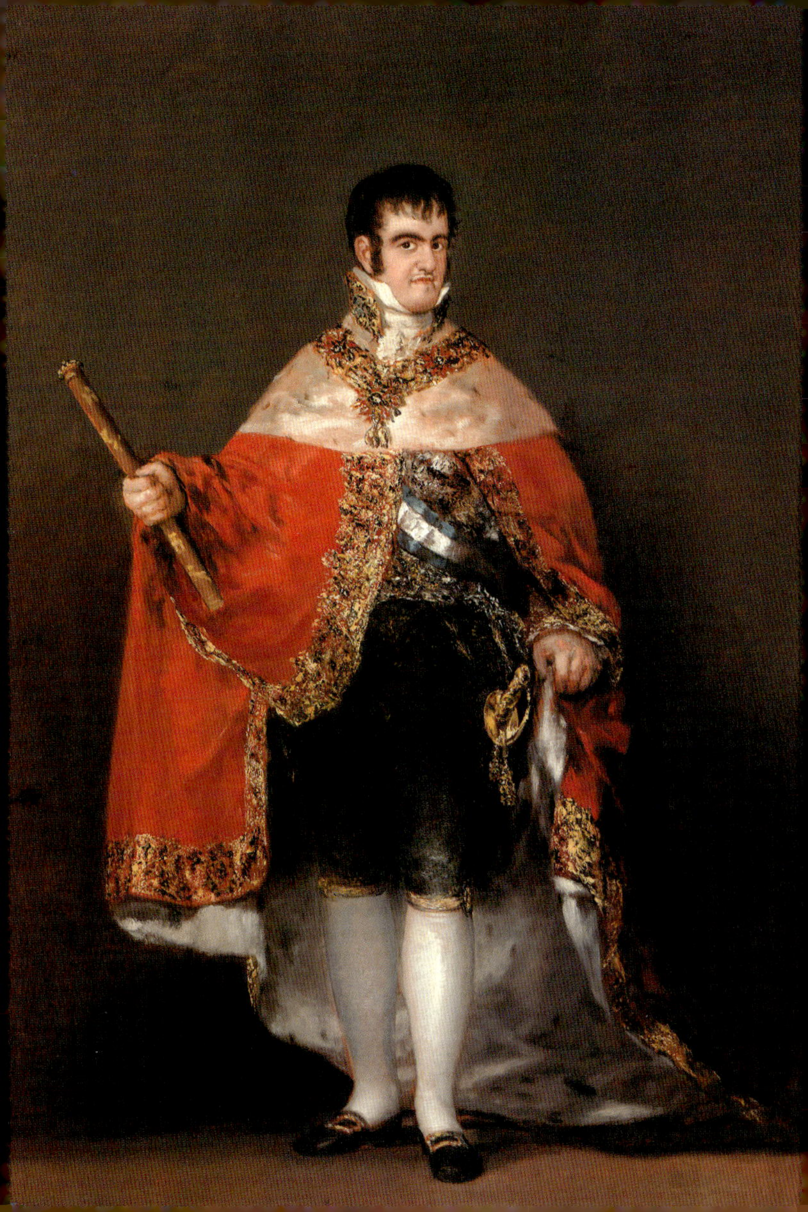

沙丁鱼的葬礼

戈雅,1812—1814

布面油画
82.5厘米×52厘米
皇家圣费尔南多美术学院博物馆,西班牙马德里

《沙丁鱼的葬礼》

1814年5月,即废除《加迪斯宪章》的当月,斐迪南七世恢复了宗教裁判所。西班牙一切进步和改革的希望都就此破灭。

几乎与此同时,戈雅创作了一幅类似狂欢节场景的作品。作品的标题可能是有人杜撰的,它表示作品与标志着狂欢节结束的某种宗教仪式有关,但似乎有些文不对题。画面中,穿着奇装异服的人群正在舞蹈,有人举着一面旗帜,旗帜上怪异的露齿微笑的面具人脸有着双重含义。因为这一场景掩盖了一个较早的版本,在斜射强光下可以辨认出来。人群中还有些幽灵般的人像,一具骷髅在面具的旗帜背后跳舞,上面写着一个词"Mortus"(死神)。

底层的画很像戈雅曾画过的一幅反教会的素描,那幅素描描绘了修士和修女们在一面旗帜下跳舞,旗帜上画着教皇的三重冕,也写着死神的字样。画中人很可能是在庆祝恢复宗教裁判所。

11月,宗教裁判所发现了两幅《玛哈》,由此对戈雅展开调查。此外,鉴于他曾为何塞·波拿巴服务过,"皇室雇员清洗委员会"也对他展开调查。在这样的处境下,人们以为戈雅会毁掉这两幅画,但他却以伪装的方式保存了下来。

幸运的是,委员会最终判定戈雅无罪,最重要的理由是,戈雅辩解说,"入侵者-国王"曾授予他勋章,但他从未佩戴过。而且,他还记录并出版了描绘法军残暴入侵以及萨拉戈萨之战的绘画。

想必戈雅也曾计划过逃避宗教裁判所——但人们不知道真相究竟是怎样。不管怎样,作为一个"受启蒙者",他在新的反动政权掌权的西班牙的处境仍然很危险。

斗牛

1805 年，为了树立西班牙作为文明国家的形象，卡洛斯四世下令废除了斗牛。1811 年，何塞·波拿巴为了收买西班牙的民心，又恢复了这个公众庆典。

戈雅一直钟情于斗牛，年轻时他还曾学过斗牛。在斗牛被禁止之前，他一直对斗牛士充满热情。但现在，斗牛变成了一种充满争议的话题，"受启蒙者"也开始分化，其中有些人极力反对这种野蛮的行为。但这未能消减戈雅的热情，或许是在莫拉廷的支持下，他开始投入极大的热情创作斗牛题材的系列版画。《斗牛》组画以整套的形式出售，希望"呈现这种西班牙传统庆典的历史沿革：初期、发展和现状"。但这套书并未达到预想的商业成功。

20 世纪，艺术评论家米歇尔·莱利斯（Michel Leiris）把这项残忍的运动与宗教节庆做了对比。他认为，它们令我们"触及到了自我内心最私密的部分……也可能是被最顽固地隐藏起来的那一部分"。戈雅这些极其精彩的版画赋予了这一仪式重要的意义。比如，第 20 幅有着电影感的画面效果。戈雅对于这些重要时刻有着敏锐的洞察力，他表现了斗牛士传奇英雄胡安尼特·阿皮纳尼（Juanito Apiñani）正在表演他的成名绝技的场景。阿皮纳尼腾身悬在空中，公牛正撞向他支撑的条杆，阿皮纳尼此时既是英雄，也是正被攻击的脆弱人物。画面中的所有细节都烘托了这一中心动作：斗牛士和公牛被圈在空阔的圆形场地内，人群的目光引导着观众注视着这场战斗，影子形成的斜线让我们把注意力集中在令人生畏的公牛犄角上。

在这组画中，戈雅的处理方式非常不同。他那种表现主义的笔触——貌似未完成的手法——荡然无存，取而代之的是干净利落的图像，这种变化反映出戈雅的同情心。悉心地观察、清晰的形象以及光影之间的冷峻对比，让画面精确地捕捉了斗牛场上空的伊比利亚烈日和照射出的阴影。冷峻精确的线条准确地表现了战斗的高光时刻。

灵巧勇敢的胡安尼特·阿皮纳尼
《斗牛》系列的第20幅
戈雅，1816年或之前

蚀版和飞尘法铜版画（第一版）
24.5厘米×35.5厘米
耶鲁大学美术馆，美国纽黑文

聋人屋

"一切色彩中,黑色最令人烦恼,却也最迷人。"

——约翰·沃尔夫冈·冯·歌德

1819年2月,戈雅买下了聋人屋,应景的是房子原主就是个聋子。他和年轻女子莱奥卡蒂娅·韦斯(Leocadia Weiss)和她的女儿罗萨丽奥(Rosario,很可能是戈雅的女儿)住在一起。年底,戈雅病情极度恶化,几近病危。人们可以想象他当时的孤独感,听不见声音,被禁闭在精神错乱的状态里。康复后,戈雅立刻开始了他一生中最伟大的艺术创作。

随后的三年里,他在房子的墙上,这个属于他灵魂的地方,创作了被后人称为"黑色绘画"(Black Paintings)的作品。他在屋子两层楼的墙上创作了14幅宏伟的壁画。地狱般的黑色发挥出自身的力量,众多孤独的人身陷于可悲的阴郁之中,被刻画成解剖层面的各种深洞:张大的嘴巴、眼窝处的坑洞,以及惊恐的瞳孔。在生命的最后时刻,心中这些挥之不去的幻象始终纠缠着他。

有人说戈雅变疯是因为病痛困扰,以及受战争创伤的影响。画面中那种粗粝而狂热的艺术手法,恰恰显示出他宣泄式的创作过程。在不经意间,戈雅把愤怒和悲惨放大到无以复加的地步。

艾蒂安-加斯帕尔·罗贝尔(Etienne-Gaspard Robert)教授(在舞台上的艺名叫罗伯森)最先进的"魔影幻灯"(Phantasmagoria)剧场,也许深深影响了戈雅的这系列创作。1821年起,罗伯森在马德里的王子剧院(Teatro del Príncipe)频繁登台,他的"魔影幻灯"和戈雅之前见过的走马灯的效果完全不同。这是一种吞噬一切的体验。在黑暗的剧院里,出现了死神幽灵般的幻影。为了增强"真实效果",罗伯森还采用烟雾让人更加虚幻鬼魅。他还给魔术幻灯加上轮子,通过前后移动轮子营造出真实的电影般的运动效果。当剧中人向观众逼近时,观众都吓坏了,有人甚至用手杖去击打影子。

虽然启蒙思想家们否认迷信和恶魔的力量,但焦虑和恐惧却深藏在人的内心。可以把罗伯森的虚空(黑房间)和戈雅的黑色绘画视为这种内在的、对于现实焦虑的一种隐喻,正是从它那里产生出真正的可怕的东西。

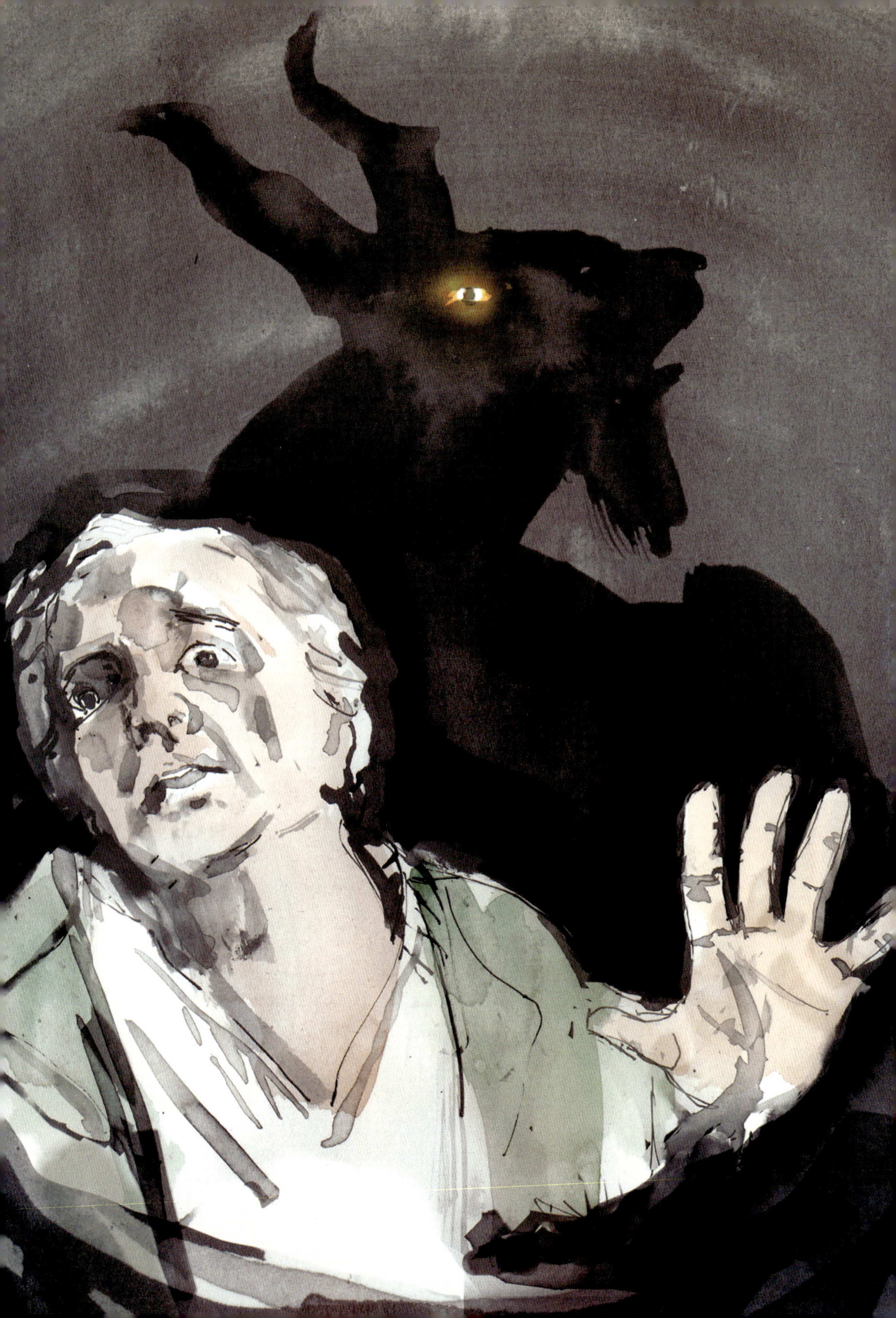

萨图恩

"现代艺术从此开始。"

——安德烈·马尔罗

黑色绘画中最具戏剧性的是这幅《萨图恩食子》，它采用特写让观众直面这个最可怕的食人怪物。戈雅在聋人屋大门正对的墙的左边绘制了这个古代泰坦神。据说他听信神谕，说他的儿子将会推翻他的统治，所以决定在他们出生时就吃掉他们。他的妻子奥普斯（Opis）欺骗了他，用石头换掉了朱庇特、尼普顿和普鲁托。朱庇特长大成人后，推翻了父亲的统治，并割下他的阴茎。戈雅的原画中，萨图恩有一根勃起的阴茎，但在19世纪中叶从壁画转到布面时，这一细节不见了。萨图恩食子蕴含了国家权力的寓意，对应的是西班牙几代统治者屠杀自己子民的愚蠢行径。

法国艺术理论家安德烈·马尔罗（André Malraux）认为，戈雅的《萨图恩》开启了现代艺术之门。后来，萨尔瓦多·达利直接参考了萨图恩消瘦、腐朽的骨头，描绘了《内战的预兆》（1936年，又名：《带熟豆的软结构》）。戈雅的作品也启发了弗朗西斯·培根（Francis Bacon）描绘残酷解剖的作品。

内战的预兆
（带熟豆的软结构）
达利，1936

布面油画
100厘米×100厘米
费城艺术博物馆，美国费城

萨图恩食子

戈雅,1821—1823

壁画转成布面油画
143.5厘米×81.4厘米
普拉多博物馆,西班牙马德里

希望和失败

1820年至1823年，当戈雅在聋人屋绘制他的黑色绘画时，西班牙正在最后一次尝试建立一个以启蒙思想为基础的新政权。一群追求自由的年轻军官向斐迪南七世的专制反动政权施压，期望恢复1812年首次起草的宪法。他们遭到了国王的镇压，斐迪南七世坚持君权神授的君主专制。戈雅有着一颗"受启蒙者"的心，他发誓效忠这个新的自由政权和宪法。

然而，1823年，斐迪南的军队在欧洲各国君主组成的所谓的"神圣同盟"（一个维护君主制和天主教的条约）的支持下，推翻了自由政府，恢复了君主专制。自由宪政的支持者们遭到迫害和残杀。连续三个月，戈雅和其他"受启蒙者"都躲在皇家医院寻求庇护，主持医院大局的阿拉贡人何塞·杜阿索（José Duaso）神父庇护了他们。

他原本有机会可以逃脱，但他返回了聋人屋，被埋伏在那里的眼线发现，遭到逮捕。此时77岁的戈雅已是风烛残年，理想尽灭。他的许多朋友和支持者，如萨帕特尔、霍韦亚诺斯、奥苏纳公爵和阿尔瓦公爵夫人等，都早已不在人间。而一些还在世的朋友，如莫拉廷等都迫于斐迪南的专制统治远走他乡、流亡海外。还有些人，如奥苏纳公爵夫人等，则紧闭门庭、苟且偷安。

1824年5月，在对政治犯大赦时，戈雅写信给斐迪南七世解释说，医生建议他去法国普隆比耶尔莱班(Plombières-les-Bains)的温泉休养，他获准前往法国。

再见马德里,再见西班牙

6月24日,戈雅和莱奥卡蒂亚一同来到法国,在波尔多会见老朋友莫拉廷。莫拉廷在给他们共同的朋友的信中这样写道:

> 耳聋体虚、老态龙钟,一个法国字也不认识,一个仆从(没人比他更需要)也没带,但心情愉快,热切地想看看世界。

他没去普隆比耶尔莱班温泉,几天后,他去了巴黎,住在莫拉廷的一个朋友那里。戈雅游览了巴黎的主要景点,随后去了沙龙,见到了一些老朋友,如玛利亚·特蕾莎·德·波旁,她已经彻底与不忠的丈夫戈多伊分手,独自在巴黎安居(她于4年后病逝,终年49岁)。

9月,戈雅决定定居波尔多。最后这段时光里,他的作品很少,但可以肯定的是,他对周遭的人文环境很感兴趣。他在素描本里画满了见到的一切,从莱奥卡蒂亚和她的女儿,到波尔多街头的人们。他尤其喜欢街头的乞丐,特别是那些靠一技之长养家糊口的人们。

坐轮椅的波尔多乞丐
戈雅,1824—1827

纸本、黑色粉笔
19.4厘米×14厘米
国家美术馆,美国华盛顿特区

我仍在学习

戈雅，约1826

黑色铅笔、条纹纸
19.2厘米×14.5厘米

晚年的戈雅还在尝试新材料和新技法，如在象牙上作画，以及当时最新发明的平版印刷技术。在波尔多时，他创作了一组平版版画《波尔多的公牛》，这组画与之前的《斗牛》系列差别很大，带有浓烈的讽刺意味。

1825年6月，戈雅病得很重，但7月底就康复了。莫拉廷的信显示出他对这个坏脾气的老朋友的喜爱：

> 有时他会陷入幻想，觉得自己在马德里还有很多事要做。如果他们允许，他随时准备跳上那匹栗色骡子即刻前往马德里，带着他的帽子、带着他的披肩、带着他的胡桃木的马镫，还有葡萄酒囊和鞍囊。

实际上，戈雅确实在1826年5月回过马德里，为的是申请退休金：

> 他经常自作主张安排行程，他经常独处，他与法国人难以相处……如果他没有及时赶到，请别惊讶，因为哪怕些许的微恙都会让他滞留在某个小旅馆的角落里。

退休金批下来了，7月，戈雅回到波尔多。

随后的几年中，他还回过一次马德里，还在那里画过他的孙子马里亚诺的肖像。9月，在波尔多，莫拉廷记录如下：

> ……戈雅还好，仍然忙着画画，出门散步、吃饭和午睡……

"我还在学习。"戈雅写道。

1828年4月，戈雅死于波尔多，终年83岁。

致　谢

感谢过去30年来那些来自英国和西班牙的朋友们支持作者关于戈雅的研究。与此同时，向这套丛书的编辑凯瑟琳·英格拉姆致以真诚的感谢——她用她的热情和执行力做成了"这就是"系列图书。

延伸阅读

Jeannine Baticle, *Goya: Painter of Terror and Splendour* (Thames & Hudson, 1994)
Wendy Bird, 'Oh Monstrous Lamp! Special Effects in Goya's "A Scene from El Hechizado por Fuerza" in the National Gallery, London', *Apollo*, March 2004, pp. 13–19
Helen Cowie, 'Sloth Bones and Anteater Tongues: Collecting American Nature in the Hispanic World (1750–1808)', *Atlantic Studies, Global Currents*, 8:1, pp. 5–27
Paula De Vos, 'Natural History and the Pursuit of Empire in Eighteenth-Century Spain', *Eighteenth-Century Studies*, Vol. 40, No. 2 (Winter, 2007), pp. 209-239
Pierre Gassier and Juliet Wilson Bareau, *Goya: His Life and Work* (Thames & Hudson, 1971)
Nigel Glendinning, 'Goya's Patrons', *Apollo*, October 1981, pp. 236–47
Robert Hughes, *Goya* (Harvill Press, 2003)
Juan José Junquera, *The Black Paintings of Goya* (Scala, 2003)
Alfonso E. Pérez Sánchez and Eleanor A. Sayre, *Goya and the Spirit of Enlightenment* (Bulfinch Press, 1989)
Sarah Symmons, *Goya* (Phaidon, 1999)
Janis A. Tomlinson, *Francisco Goya: The Tapestry Cartoons and Early Career at the Court of Madrid* (Cambridge University Press, 1989)
Francisco Calvo Serraller, ed., *Goya y el infante Don Luis: el exilio y el reino* (Patrimonio Nacional, Madrid, 2012)

文字作者

温迪·伯德（Wendy Bird）任教于开放大学。自从她在大学的时候第一次接触戈雅的版画，她就把学习的重心转移到这个艺术家身上了。她迷恋西班牙的街道剧院，以及音乐和电影，她自己也是一名艺术家。

插画作者

莎拉·梅考克（Sarah Maycock）毕业于英国金斯顿大学动画制作及插画专业，她被评为2011年全英最具设计潜力的毕业生之一，她的客户包括索尼唱片、《泰晤士报》、英国国际广播公司、维特罗斯连锁超市、《金融时报》、《卫报》、五角设计联盟、四方出版，以及康兰设计集团等。

中文译者

吴啸雷，杭州人。毕业于浙江大学心理学系、北京大学艺术学系。曾供职于中国美术家协会，现为自由学人，主要研究领域为西方古典艺术和当代艺术。译有《艺术史写作原理》（合译）、《艺术的终结》等。

图片版权

All illustrations by Sarah Maycock. 4 © 2014. Image copyright The Metropolitan Museum of Art/Art Resource/Scala, Florence; 15, 19 © 2014. Image Copyright Museo Nacional del Prado © Photo MNP/Scala, Florence; 22 © 2014. Photo Scala, Florence; 24 © 2014. Image Copyright Museo Nacional del Prado © Photo MNP/Scala, Florence; 25 © 2014. Photo Scala, Florence; 26 Rijksmuseum, Amsterdam; 31 © 2014. Image Copyright Museo Nacional del Prado © Photo MNP/Scala, Florence; 34 Brooklyn Museum photograph; 35 Meadows Museum, SMU, Dallas. Photo by Michael Bodycomb; 37 akg-images/Album/Oronoz; 41 © 2014. Image Copyright Museo Nacional del Prado © Photo MNP/Scala, Florence; 45 National Gallery of Art, Washington, D.C.; 46 The Hispanic Society of America, New York; 47 © 2014. Image Copyright Museo Nacional del Prado © Photo MNP/Scala, Florence; 49 akg-images/Album/Oronoz; 50, 53, 54–55, 56, 61 © 2014. Image Copyright Museo Nacional del Prado © Photo MNP/Scala, Florence; 62 Yale University Art Gallery; 63 akg-images/Album/Oronoz; 67 © 2014. Image Copyright Museo Nacional del Prado © Photo MNP/Scala, Florence; 68 © 2014. White Images/Scala, Florence; 71 Yale University Art Gallery; 74 © 2014. Photo The Philadelphia Museum of Art/Art Resource/Scala, Florence. © Salvador Dalí, Fundació Gala-Salvador Dalí, DACS, 2015; 75 © 2014. Image Copyright Museo Nacional del Prado © Photo MNP/Scala, Florence; 77 National Gallery of Art, Washington, D.C.; 78 © 2014. Image Copyright Museo Nacional del Prado © Photo MNP/Scala, Florence